80代から人生を楽しむ人、後悔する人

『PHP』編集部〔編〕

PHP研究所

80代から人生を楽しむ人、後悔する人　目次

第一章　「楽」になる生き方

第二章　人生、山あり谷あり

第一章

「楽」になる生き方

五木寛之（作家）
養老孟司（解剖学者）
佐藤愛子（作家）
髙木慶子（上智大学グリーフケア研究所名誉所長）
加藤一二三（棋士九段）
加藤諦三（日本精神衛生学会顧問）

他人に承認されなくてもいい

五木《いつき》寛之《ひろゆき》（作家）

戦後七十余年。私たちは、焼け跡からの復興、高度経済成長へと、ひたすら上を目指してがんばってきました。それはいわば登山のようなものだったといっていいでしょう。

しかし、永遠に続く登山はありません。山は登ったら必ず下りなければならないもの。下山のない登山はないのです。経済大国という山頂を極め、今、この国は、下山の時代にあると私は考えています。

下山の時代は実った稲を刈り取る収穫期

それは、人間の一生にも似ています。中国では人生を、青年期から壮年期の「青春《せいしゅん》」「朱夏《しゅか》」、初老から老年にいたる「白秋《はくしゅう》」「玄冬《げんとう》」の四期にわける思想があります。

目標をもって全力で山を登っていくのは前半の二期。山頂からの景色を堪能《たんのう》したら、後半は下っていかなければならない季節です。下りはじめるのは、寿命が延びた今の時代なら、定年退職したあとくらいからでしょう。

下山というと、負のイメージがあるかもしれません。てっぺんに立った達成感や喜びは去り、あとはただトボトボと下るのみ。そこには、何かが終わってしまったさびしさしかないのではと。

ですが、それは違います。登山のときは、重い装備を背負い、ただ必死に歩く。後ろを振り返る気にもならなかったでしょう。ところが、下山にはゆとりがあるのです。

かつて北アルプスの山に登ったことがありますが、下山途中には、眼下に広がる北陸の平野や遠くに光る日本海をゆっくりと眺めることができました。岩かげに咲く高山植物の美しさに目をとめ、ひょっこり顔を出した雷鳥の姿に微笑《ほほえ》む余裕もあるでしょう。それに、自分の人生の来し方・行く末をあれこれ思うなどという贅沢《ぜいたく》な時間もあるわけです。

いってみれば下山の時代は、実った稲をいよいよ刈り取る収穫期です。国家にとっても一個人にとっても、下り坂ではなく、むしろ希望に満ちた黄金期なのです。

高度経済成長の時代は勢いこそあったけれど、言い換えれば、あれは単なる消費の時代です。数字を上げることだけに必死で、精神的な余裕はありませんでした。

世界の歴史をみてみればわかるように、高成長のあとにやってくるのは成熟の時代です。たとえばイタリアなら、経済成長が停滞するなかで起こったのが、革新的な芸術や文化を育《はぐく》んだルネサンスです。

つまり文明を成熟させるのが、下山の時期ということです。「高成長・未成熟」の時代はもう終わり。これからは、この国も「低成長・高成熟」の時代がはじまるのです。

では、いったい成熟とは何なのか。私は、それを付加価値の創造だと考えています。

車を例にとれば、日本の車は、安くて丈夫で性能がいいと評判で、世界に普及しています。けれども、日本車とメルセデス・ベンツやポルシェ、ＢＭＷなどのドイツ車の一台あたりの利益率を比べてみると、ドイツ車のほうが圧倒的に高い。

なぜかといえば、生産力や性能は下でも、向こうには長い自動車文化が培《つちか》った伝統や物語があるからです。それがステータスとなるのですね。成熟が生み出す付加価値とは、そういうことです。

人の生き方も同じです。成長が止まったと思えば喪失感があるかもしれません。しかし、「青春」や「朱夏」のときを終えてこそ、精神の充実や内面の成熟が生まれてくる。それが、その人ならではの付加価値をつくるのです。アンチエイジングなどという言い方で若さにこだわり、無理して老いに抵抗しようとするのは、逆にもったいない話です。

精神的な成熟を育んでいく

もちろん、歳《とし》を重ねれば肉体は衰えます。私も、近頃はずいぶん筋肉が落ちました。サイズきっちりに作ったはずのワイシャツも、襟のあたりがぶかぶかです。

それから視力に関していえば、動体視力も低下しました。昔は新幹線に乗っていても、窓越しに通過する駅名の看板がちゃんと読めた。それができなくなって、六十五歳で運転免許を返上したくらいです。

ただ、フィジカル面は衰えても、それ以外の面で誇れるものは誰《だれ》にも必ずあるはずです。かつては、村には長老と呼ばれる人がいました。彼《かれ》らは若い者には真似できない体験と成熟した智恵《ちえ》をもっていた。それも人間の付加価値の一つです。もっとも、最近は高齢化社会で村中が長老だらけ。価値は多少下がってしまったかもしれませんが。

とにかく、人として下山の時代に入ったら、これまでの価値観のモノサシを変えたほうがいい。年齢や経済のモノサシでもない。組織のなかの社会的なモノサシでもない。

これからは一個人に戻って、人間とは何か、人生とは何か、をもう一度考えるべきだと思います。

そのためにも、私は、孤独ということが大切だと考えています。人は、孤独のなかでこそものを考え、情緒や感性を磨いていけるのではないでしょうか。

定年後は、趣味のサークルに入ったり、同窓会に出席するなどして、人との縁を増やそうとするのが一般的かもしれません。でも、私の理想はその逆で、縁をどんどん薄くしていくことなのです。一年一年、年賀状の数が減っていって、あるとき気づいたら、一枚も届かない（笑）。それが理想です。

いや、さびしくはないですよ。野坂昭如《のさかあきゆき》、永六輔《えいろくすけ》、大橋巨泉《おおはしきょせん》など、同世代の仲間はみんな亡くなっていきました。でも、それも自然なこと。

世の中には読むべき本も、聴くべき音楽もまだまだ無限にある。四季のうつろいも見飽きることがありません。そういうものを楽しみつつ、精神的な成熟を育んでいく生き方があってもいいのではないですか。

個人のモノサシで考えるという意味では、巷《ちまた》に氾濫する情報に振り回されないことも大切です。国際情勢や世の中の動きなど、ある人が白だといえば、別の人は黒だという。いちいち真に受けて右往左往すれば、不安になるだけです。

特に、歳をとれば健康情報が気になりますが、それだって、「薬は飲むな、いや飲んだほうがいい」「朝食はしっかり食べろ、いや食べるな」など、いったいどちらが本当なのか、迷うことばかり。その時々の常識など、まったくあてになりません。

こんな錯綜《さくそう》の時代を生きるには、自分のモノサシで、自分が「こうしよう」と決めた信念を貫くのがいちばんです。私自身、自分のからだは自分でメンテナンスすると決めて、病院へはまったくといっていいほど行きません。

自分の信念など間違っているかもしれません。頑固者《がんこもの》あつかいされるかもしれません。でも、たとえ間違っていたとしても、そのつけは自分に返ってくるだけです。誰かのせいにしなくてもいい。人の意見に一喜一憂《いっきいちゆう》するより、そんな生き方のほうが、ずっと楽で、すがすがしいと思うのです。

生きているだけで、あなたはすばらしい

文芸誌が主宰する新人賞の選考委員を長くやっていますが、驚くのは最近の応募数の多さです。ところが、出版社の編集者は、本が売れないと嘆きます。つまり、本は読まないが、書き手にはなりたい人が増えているということです。

小説だけではありません。今はＳＮＳで誰もが自分の意見を発信しています。自分の存在を認めてもらいたい、名もなき砂のような自分ではなく「何者か」でありたい。

現代は、そうした承認欲求が過剰に膨《ふく》れあがった時代でもある気がします。「承認されたいという病」にかかっているのです。

定年を迎えた世代でも、肩書きがなくなったことで急に不安になり、マンションの組合理事長でもなんでもいいから「長」と名のつく役割を引き受ける、などという人もいるでしょう。自分の価値を他人に証明されないと安心できないのです。

しかし、これまでお話ししてきた下山の時代の付加価値とは、もっと内面的な充足感を得ることです。他人に自慢することもない、肩書きもない、ただ孤独に生きた。たとえそうであっても、人は、生きているだけですばらしい。自分という存在は、他者に承認されなくても尊いのです。

今日までがんばってきた、悩みのたうちまわりながらも生き抜いてきた。そういう自分にまず気づいてほしい。そんな自分を自分で認めてあげてほしい。

これからの時代をどう生きるかのヒントは、そこにひそんでいるのではないでしょうか。

Profile

1932年、福岡県生まれ。早稲田大学中退後、編集者、ルポライターを経て、'66年『さらばモスクワ愚連隊』で小説現代新人賞、'67年『蒼ざめた馬を見よ』で直木賞、'76年『青春の門 筑豊篇』ほかで吉川英治文学賞を受賞。『折れない言葉』(毎日新聞出版)、『捨てない生きかた』(マガジンハウス新書)など著書多数。

取材・文　金原みはる／写真　御厨慎一郎

自然のなかを、ひとりで歩く

養老《ようろう》孟司《たけし》
（解剖学者）

コロナ禍《か》がそうだったように、人生、いつ何が起こるかわかりません。

僕自身は、非常事態であろうとなかろうと、家にこもって、ひとりで昆虫標本をつくっていれば機嫌がいい。だから、ストレスはありませんでした。

ただ、気を紛《まぎ》らわす方法を持っていない人にとっては、不安な日々だったかもしれませんね。

不安というものは、あって当たり前のものです。不安がないと、人間は危険を察知できません。不安になるからこそ、人間は生きていけるのです。

「しょうがねぇ」と開き直る

僕は海外へよく虫とりに出かけますが、自信過剰の人とは、危なっかしくて一緒に行けません。

だって、そうでしょう。ジャングルで毒へビに嚙《か》まれるかもしれないし、断崖絶壁から落ちるかもしれない。

不安になって用心するのは、動物としての生存本能です。ネガティブな感情だからと、排除しなくてもいい。

ただ、用心すれば崖から落ちないかといえば、そうではありません。よく「危機管理」と言いますが、管理できないから危機なのであって、管理できると考えるのは、危機そのものを受け入れていないということです。

人間の死も同じです。僕は解剖をやってきましたから、死体をたくさん見てきました。「しょうがねぇ、俺もいつかは死ぬな」という実感が、かなり前からありました。

ところが普通の人は、死体を見ると「怖い」「気持ち悪い」などと言います。いずれ自分も確実に死ぬのに、その事実と折り合いがつかない。つまり受け入れたくない

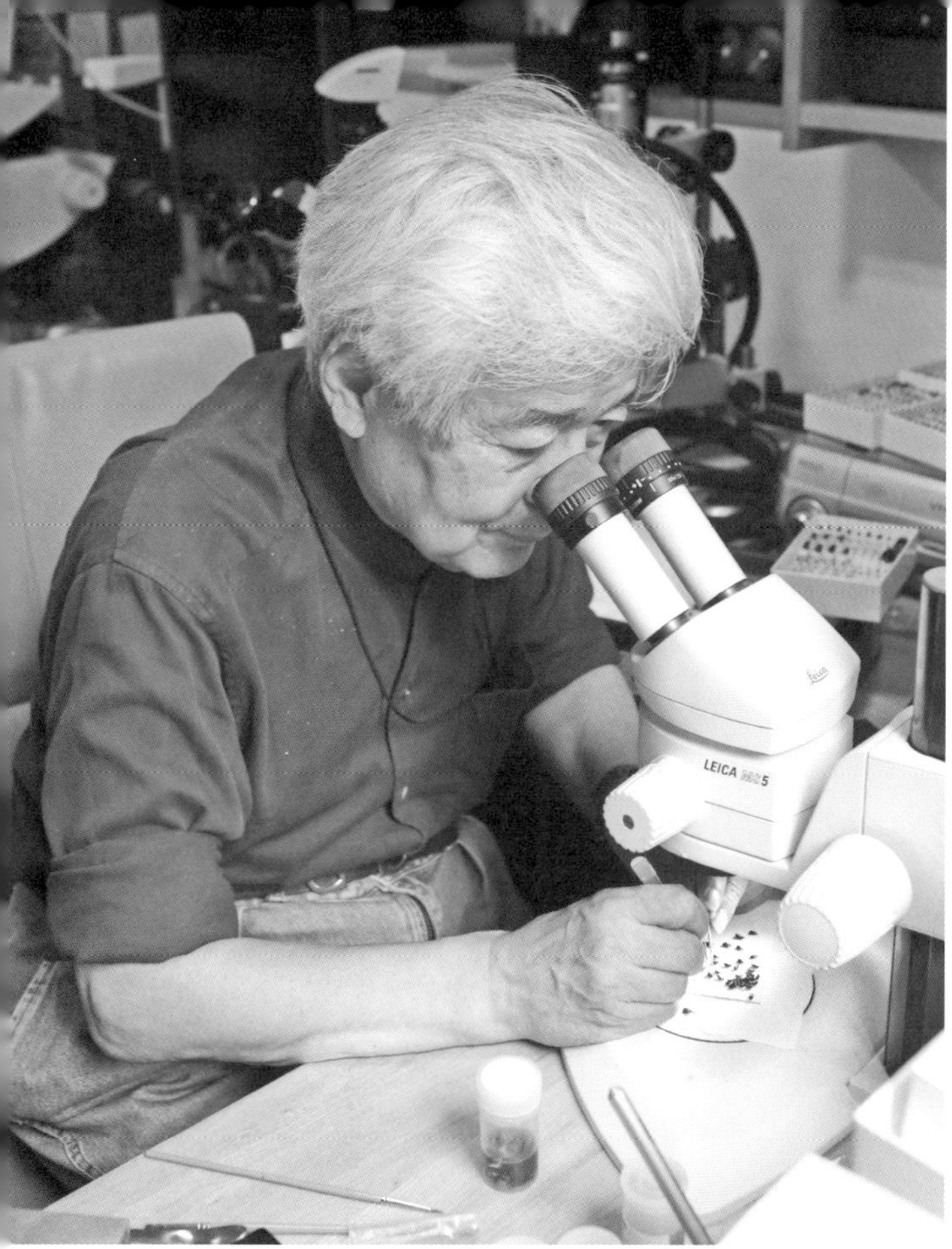

のです。

それでは、受け入れにくいものを受け入れて、どっしり構えて生きるには、どうすればいいのか。

もう、それは「しょうがねぇ」と上手に開き直るしかありませんよ（笑）。たまに、東南アジアに虫とりに行くなんて言うと、「地雷《じらい》が怖くないですか」などと聞かれることがありますが、これも地雷があるという事実を受け入れるしかない。ジタバタしたって仕方ないでしょう。

昔の人は、それを「覚悟」と言いました。事前に「ああすれば、こうなる」と頭で考えたって、その通りにはならないことのほうが人生には多い。なるようになる、と思って行動するしか道はないですよ。

他人の情報を鵜呑みにしない

新型コロナウイルスの件では、いろいろな情報が錯綜《さくそう》するのも、不安が増す要因になっているのではないでしょうか。

ニュースを見ていると、政治家や専門家、司会者が、それぞれの視点から新型コロナウイルスについての見解を述べています。

けれど、「政治家や官僚が考えるコロナの脅威《きょうい》」と「私たちが感じているコロナの脅威」は同じものではありません。政治家や官僚は景気対策のことを考えているだろうし、私たちは日常生活がどうなるかを考えているわけでしょう。

出演者とは視点が違うのだから、テレビを受動的に見ているだけでは、自分の抱えている疑問は解決しないのです。それどころか、他人と自分の視点は違うということをわきまえていないと「情報をきちんと追っているはずなのに、自分の不安は解決しない」と焦《あせ》り、不安は増していきます。

結局、何を信じるかは、自分で見つけるしかありません。情報を鵜呑《うの》みにせず、情報をもとに自分で考える。それが余計な不安を絶つコツです。

　また、日本では自分の視点を他人に押しつけてしまうところがあります。コロナ禍でも、「自分は自粛《じしゅく》しているのに、まわりはちゃんとやっていない」と憤《いきどお》り、ストレスをためてしまう人が多くいたと聞きました。

　他人のことが気になってしまうのは、我慢し過ぎている証拠だと思います。すこし過敏になっているなと感じたら、他人から離れて、ひとりでできることをやってみるのも手です。たとえば、書道、庭いじりなど、人とかかわらない、自分ひとりの時間や趣味を持つと、心がスーッと落ち着いてきますよ。

自分の身体の中立を知ろう

　不安に振り回されないためには、自分の「普通」を知ることも必要だと思います。今は多くの人が、自分の身体の「普通」がわからなくなっています。特に、都市に住む人はそうではありませんか。

　都心のオフィスに行くと、一日中エアコンで気温は変わらないし、人工照明で明るさも同じ。風は吹かない、雨も降らない、においもしない。そんなところにいれば、身体の感覚が麻痺《まひ》してしまうのも当たり前です。

　そこで僕がよくやるのが、自然のなかをひとりで歩くことです。外にはエアコンも照明もありません。草がしげり、木の根があって、地面はデコボコで、風が吹き、雨が降って、鳥も鳴く。

自然のなかにいると、外部からの調整が働かないので、身体が自分で調子を整えようとします。そうして初めて、自分の「普通」を知ることができるのです。

現代人は、自分の身体の状態を知るのにも、いちいち統計や平均といった他人の指標に頼りがちです。
たとえば、血圧は百二十が平均だと聞けば、それよりちょっとでも高いと、あわてて薬を飲む。体重が標準より多ければ、ダイエットにやっきになる。
だけど、それはあくまでも他人のデータです。自分の体調なのに、どうして自分の身体に任せられないのでしょうか。自分の「普通」の状態がわからないから、そうやって意識や頭でコントロールしようとするわけです。

　僕は、薬も飲まないし、検査もしません。取り立てて「あそこが悪い、ここが痛い」と文句を言う場所は今のところないですから、これが僕の身体の中立です。

　現代は、身体の感覚より、意識や頭で考えたことを優先する社会です。だからこそ、意識がつくった世界から離れ、中立を知る機会を持つことが大事になります。

　中立がわかっていれば、ストレスがたまっているかどうかが自分でわかる。ストレスがたまっていたら、「しょうがねぇな」と受け入れてやる。これを繰り返すと、ちょっとやそっとの不安に振り回されない、余裕のある心構えが育ちます。

　不安があっても開き直り、身体の調子を自分で理解しておく。それが、どっしり構えて生きる、ということだと思います。

Profile

1937年、神奈川県生まれ。東京大学医学部卒業後、解剖学教室に入る。'95年、東京大学医学部教授を退官し、同大学名誉教授に。『バカの壁』『遺言。』（以上、新潮新書）、『半分生きて、半分死んでいる』『日本が心配』（以上、ＰＨＰ新書）など著書多数。

取材・文　金原みはる／写真　遠藤　宏

人への想像力を忘れない

佐《さ》藤《とう》愛《あい》子《こ》（作家）

あるとき、私の読者だという人から手紙が来た。その人は、高校時代から出版社のS社に入社したいという希望に燃えていて、そのために必死で勉強してきたという人である。

もともと勉強は嫌《きら》いなほうだったが、S社に入りたい一心で必死の勉強をして大学へ入った。そうして念願のS社の入社試験を受けた。

一次はパスして、二次の面接のとき、試験官は彼女《かのじょ》の履歴書《りれきしょ》を見ながら「あなたは卒論に佐藤愛子を選んでいるが、佐藤愛子を好きなのか」と訊《き》いた。

「はい、大好きです」

彼女がそう答えると、試験官は言下にいったそうだ。

「こりゃダメだ。協調性がない！」

あわれ、彼女の夢は佐藤愛子のために潰《つぶ》れたのである。

人に好かれようとしたことがない

彼女は悲嘆《ひたん》の涙《なみだ》にくれて私にその手紙を書いてきたのだが、私はS社の考え方、「ごもっとも」という気持ちだった。

協調性のない人間が組織の中に入ると、組織は円滑《えんかつ》に機能しない。だからもっともだと私は思うのである。

（ただし、佐藤愛子を愛読しているからといって協調性がないと断定するのは、いささか短絡的《たんらくてき》ではないかと思うが）

私は欠点の多い人間で、協調性がないばかりでなく、面倒《めんどう》くさがりの怒《おこ》りんぼう、相手かまわずいいたいことをいい、無愛想で常識を無視し、猪突猛進《ちょとつもうしん》である。

その私に当編集部は「人づきあいをよくするための性格について」何か書くようにと注文してきた。

人づきあいの下手《へた》な私にわざわざそんな依頼《いらい》をしてきたということは、もしかしたらこの編集部はこの私に反省の機会を与《あた》えようとしているのかもしれない。

白状すると、私は今まで「人づきあいをよくするためにこんな性格になろう」などと考えたことがなかった。人に好かれようとしたこともない。

欠点多い自分を知らないわけではなかった。それらの欠点のために人々の誤解、無理解の渦《うず》の中を生きざるを得なかった。

だが、それは自分が悪いのだからしょうがないことだと考えて、誤解、無理解に抵抗《ていこう》しようとせずに、そのまま受け入れてきた。

誤解を解くために努力しようとも思わないし、誤解している人を恨《うら》むこともしない。「しかたない」と思ってきた。

「しかたない」と思ってテンとしているところが、私の大欠点で、「こりゃダメだ、協調性がない！」とS社の試験官を叫《さけ》ばせるゆえんなのであろうが、私は「ありのままの自分」を正直に見せる生き方しかできない不器用な、というより、どうしようもない人間なのである。

「私はどうしてこんなにいやな性質なのかと情けなくなります。どうしたら人とうまくつきあうことができるのでしょう。どうしたら好かれるのでしょう。好かれようと思って、愛想《あいそ》をふりまいたり、冗談《じょうだん》をいったりしてみるのですが、そうすればするほど嫌われていくのです」

そういう相談を受けることが時々ある。

「私ってどうしてこんなにいやな性質なんでしょう」といわれても、そういう相談は手紙であるから、その「いやな性質」とはどんなものなのか、私にはわからない。

「友だちができない」というけれど、友だちのほうでその人を嫌っているのではなく、その人の意識が邪魔《じゃま》をして、（自分で自分を縛《しば》っていて）「嫌われている」と思い込《こ》んでいるために誰《だれ》とも親しくなれないのかもしれない。

「性質がいや」なのではなく、その「思い込み」のほうに問題がありはしないか。

自分のありのままを磨く

職場の人気者A子さんという、明るく無邪気でみんなに好かれている人がいるが、その人のようになりたい、という。

「なりたい」といっても、そう簡単になれるわけがないのである。人にはそれぞれ生まれつき持っている性質というものがある。それから親の教育、生活環境《かんきょう》で身についてしまった性格もあるだろう。

それは生活の中でいつとはなしに身についていくものであって、広い意味で個性といわれるものである。

明るくて無邪気な人が人から好かれているから、自分もそうなりたいと無理して愛想をふりまいたりしても逆効果になってしまうのは、それが彼女にとっての「自然」でないからである。

無理はいけない。技巧《ぎこう》は鼻につく。その人にとっての最も自然な姿、ありのままを磨《みが》くのが一番早道なのだと私は考える。

「人づきあい」をよくしたいといっても、一般《いっぱん》向きの「人づきあいのよさ」と、友だちとして「愛され信頼《しんらい》される」つきあいとがある。

やたらに明るく無邪気で、気軽で気ばたらきのある娘《むすめ》さんは、間違《まちが》いなく多くの人に好かれるだろう。

だが、それが何だというのだ、と私は思う。多くの人に好かれることと、少数の人だが信頼してくれる人がいるということと、どっちに価値があるだろう？

自分にない明るさ無邪気さを無理やりにつくるよりも、自分の持ち前の性格を伸《の》ばすほうへ考えを持っていったほうがいい。短所を長所へと持っていくのだ。

あの人はちょっと見にはとっつきにくい人だけれど、仕事は熱心よ、とか、思慮深くて沈着《ちんちゃく》よとか、親切な人よとか、人への思いやりのある人よとか。

そういうことなら努力すれば達成できる。自分にその要素のないものに向かって努力するのは、無駄《むだ》なアガキというものであろう。

協調性の持てない私は、自分の自我《じが》の強さを「苦労をひっかぶって元気よく生きる」という方向へ持っていった。

したくない、しない、いいたいことをいわずにはいられないという我が儘《わまま》を「正直」という美徳（人によっては正直は悪徳というかもしれないが）のほうへ引っぱった。

人々は私の我が儘や激怒症《げきどしょう》やにくまれ口に閉口しながらも、私が正直であること、心にないことはいわぬ人間であることだけは認めてくれるようになった。

「ほかの人が書いたなら、こんなことウソだ、と思うかもしれませんが、佐藤さんが書いているので、本当なんだろうと思いました」

という読者の手紙を読むとき、私はとても嬉《うれ》しい。

私は私の欠点を引きずりながら誠心誠意生きてきた。怒るときも、にくまれ口を叩《たた》くときでさえ、誠心誠意怒り、にくまれ口を叩いた。

そう生きるしか、ほかにできることがないからそうしてきたのである。

大事なのは、想像力と心配り

この頃、人づきあいの難しさを知って、自分の性質を気にする人が増えてきているそうである。

だが、人間には相性《あいしょう》というものがある。すべてに調子のいい明るい人が好きな人もいれば、あんまり調子よくされると疲《つか》れる、という私のような者もいる。

肝腎なことは、暗い性格を明るくしようと努力することではなく、例えば、「この人はどんなことが好きで、どんなことを苦痛に思う人か」と配慮しながら教えることである。若い人に教えるのと、老人に教えるのとでは、教え方が違うはずだ。

その老人が街を歩くのに馴《な》れている人か、そうでない人かも考える。つまり大事なのは想像力であり、心配りである。

たとえ無口でおしゃべり下手であっても、熱心に人の話を聞けばいい。そうすれば話している人は満足する。

そういうことは性質とは関係なくできることで、自分の性質のいやさを分析《ぶんせき》して歎くよりも、他人に配慮する努力をすればそれでよろしいのである。

Profile

1923年、大阪府生まれ。甲南高等女学校卒業。'69年に『戦いすんで日が暮れて』で直木賞、'79年に『幸福の絵』で女流文学賞、2000年に『血脈』で菊池寛賞を受賞。'16年、『九十歳。何がめでたい』が大ベストセラーとなった。'17年、旭日小授章を受章。

写真　御厨慎一郎

少しずつでも、成熟していきたい

髙《たか》木《き》慶《よし》子《こ》
（上智大学グリーフケア研究所名誉所長）

十四歳のときのことです。学校からの帰り道、不思議な体験をしました。

「あなたは修道女になり、私があなたを大事にしていることを多くの人に伝えなさい」

そんな声が、はっきりと聞こえたのです。私の先祖は浦上《うらかみ》キリシタンで、数々の迫害や弾圧を乗り越えて信仰を貫いてきました。父も母も、敬虔《けいけん》なカトリック信者でした。

ただ、大学を卒業する前に、修道女になることを伝えると、両親は嘆きました。

三人の姉も修道女になっていましたが、「慶子は、結婚して普通の生活を送るはず」と思っていたようです。そんな両親の想いを振り切り、広島の修道院で共同体生活を始めました。

歳をとってよかったと思える瞬間

修道生活に入るときには、「貞潔」「清貧」「従順」の三つの誓願《せいがん》を立てます。つまり、「異性との関係」「自分の所有物」「自分の意志」をすべて放棄するということです。「さぞ不自由でしょう」と言ってくださる方もいますが、とんでもない。心やらされているのではなく、「これが私の生きる道」と私が決めたのですから、心はとても自由です。

とはいうものの、集団生活ですから、当然、人とすれ違うこともあります。私はどちらかというと、いいかげんな性格ですが（笑）、シスターのなかには、とても真面目《まじめ》な方もいます。時には、お互いのあまりの違いに「へーっ！」と驚くこともあります。

でも、その違いが、私たちを豊かにしてくれます。お互いを無理にあわせるのではなく、違いを認めて折り合いをつけていく。自分の考えを押しつけず、握っている綱を「ごめんなさいね」と自分から放す。お互いが気持ちよく過ごすために大切なことです。

親しくさせていただいた作家の遠藤周作《えんどうしゅうさく》さんが、よくこうおっしゃっていました。

「人生、偏《かたよ》るな。一人の人間を、いい人間、悪い人間、と決めつけるな。人間は、いいところも、悪いところもある。強いところも、弱いところもある」

遠藤さんのおっしゃる通り、見方が偏ってしまうと、苦しくなってしまいます。私も若い頃には、すぐにカチンときていましたが、歳《とし》を重ねるにつれて、「世の中には、いろいろな人がいる。みんな、それぞれの事情を抱えて生きている」と思えるようになりました。歳をとってよかったと思える瞬間ですね。

ただ、誰もが歳を重ねれば、人に対してそうした穏やかな心持ちになれるのかというと、それは違います。やはり、「少しずつでも、人間として成熟していきたい」という想いが大切です。その想いの差が、大きな違いになってあらわれてくると思うのです。

人間は、亡くなる間際まで変わることができる

私の人生の核となっているグリーフケア（さまざまな原因で悲嘆にくれる人々のケア）に足を踏み入れたのは、三十三歳のときのことでした。

末期がんで苦しむ同級生のお父さまの話し相手として、修道女である私にお声がかかったのです。

すると、担当のお医者さまが、「髙木さんが来ると、明らかに患者さんの様子が変わる。ぜひ続けて来てください」とおっしゃいました。そうやって何度も患者さんのところへ足を運ぶうちに、自然とグリーフケアへの道がひらかれていったのです。

私は、よく講演会などで、「みなさんは、死ぬ準備ができていますか」と質問をするのですが、すると、「はい、生命保険に入っています」という答えが返ってくることがあります。ただ、それは残される家族を思ってのこと。「そうではなくて、ご自分が死を迎える準備ですよ」と続けると、不思議そうな顔をされる方が結構いらっしゃいます。

グリーフケアに携《たずさ》わっていて感じるのは、いかに「見える世界」ばかりに注意を払って生きている方が多いか、ということです。進学や就職、結婚などの人生の節目には多くの時間を使って準備をするのに、必ず訪れる「死」の準備はしないのです。

人間が死ぬ確率は一〇〇%です。一つの例外もありません。お金や名誉、人の評価といった「目に見える世界」のことしか考えたことがない状態で、急に「死」という「目に見えない世界」を突きつけられると、動揺し、慌てふためき、苦しみます。

いわゆる「成功」をおさめ、思い通りの人生を歩んできた人ほど、その動揺は大きく、「こんなはずじゃなかった」と怒り出します。「死」という人間の限界に直面してはじめて、今まで自分が価値を置いてきたものが、自分を救ってくれないとわかるのです。

以前お手伝いをさせていただいた、胃がん患者のAさんのお話です。Aさんは事業家として成功された方でした

が、看護師さんにセクハラやパワハラをするわ、息子さんからは「わがまま親父、人でなし」と言われるわ、もうやりたい放題。「とても手に負えない」と、ご家族のたっての願いで、私が病室を訪ねることになったのです。

病室に入ると、すぐに「俺は強いから、宗教なんかいらん！」と、すごい剣幕で追い返されました。二回目も同様に、けんもほろろ。やっとまともにお話ができたのは、三回目のことでした。「あんたもしつこいな」と言うAさんに、「そうでしょ、私ってしつこいのよ。ごめんなさいね」と言うと、はじめて笑ってくださいました。こうして、少しずつ心を開いてくださったのです。

出会って二カ月ほど経った頃のことでしょうか。衰弱していくご自身の身体と向き合いながら、Aさんがこうつぶやかれたのが、とても印象的でした。

「お金もね、お金もね、お金もね……、何の役にも立たない。やはりな、人生に終わりがあるということを考えて生きたほうがいい。俺のような人生を送るな」

その後、Aさんは、明らかに変わっていきました。息子さんがお見舞いに来ると「ありがとう」と言い、奥さまがタオルで顔を拭くと「すまんな」と伝える。それまで決して口にしなかった感謝の言葉をおっしゃるようになったのです。

Aさんの四十九日の法要で、家族のみなさんと再会しました。息子さんは、「最後の一カ月は、本当にやさしくて穏やかな父でした」と言ってくださいました。また、奥さまからは、「最期に『向こうで待ってるぞ』と言ってもらえました」との言葉をいただきました。人間は、亡くなる間際まで変わることができるのですね。

死があるからこそ、今ここが光輝く

Aさんにもお話ししましたが、私は死を迎える方に、こうお伝えしています。

「安心してください。これから、この世では考えられないほどの輝かしい世界が待っていますよ。もし、そんな世界などなかったら、どうぞ迷い出てください」

まだあの世には行ったことがないので、本当はどんなところかわかりませんが、これまで一人も迷い出ていませんので(笑)、すばらしい世界に違いありません。

実は、これも遠藤周作さんから、生前に頼まれていたことでした。

「死んでいくのは、みんなつらいんだ。あんたは本を書いたり、講演会をしたりするだろう。そのたびに、あの世はすばらしい、とありったけの想像力で伝えてほしい」

その遠藤さんも、ご臨終のとき、お顔が光り輝いていたと奥さまから伺いました。ご自身がおっしゃっていた通り、すばらしい世界に行かれたはずです。

「死」を含め「見えない世界」に目を向けてみましょう。少しずつでいいのです。たとえば、「私たち人間は、どこから来て、どこへ行くのか」について想いを馳せると、自分が今ここに存在していることの奇跡、そして尊さを感じられます。

「死」と向き合うことで、「限りある命を、どう使おうか」と自分の使命を考えることにもつながります。死があるからこそ、今ここが光り輝くのです。自分に与えられた、たった一度きりの限りある命を、どうぞ丁寧に使ってほしいと思います。

また、大学の授業では、若い学生さんと関わる機会がありますが、SNSなどで人と比較する機会が多いからでしょうか、成果がすぐに求められる社会だからでしょうか、「あの人に比べて自分は……」と、周りと自分を比較して落ち込む学生さんがとても多い。

今の世の中は、「成したこと（doing）」で人の価値が決まってしまうような風潮がありますが、そんなことは決してありません。私たちは、「ただ存在しているだけ（being）」で尊いのです。まずは、ありのままの自分という存在を、自分で認めてあげてほしい。「長所も短所もひっくるめて、これが自分。私は私でいい」と自分を肯定していくことは、毎日を幸せに過ごすための基礎になります。

自分で自分を肯定する。そして、「見えない世界」にも目を向けていく――。そうすることで、よりよい人生につながっていくと信じています。

Profile

1936年、熊本県生まれ。聖心女子大学文学部心理学科卒業。上智大学神学部修士課程修了。博士（宗教文化）。「生と死を考える会全国協議会」会長。「兵庫・生と死を考える会」会長。終末期にある人々のスピリチュアルケア、および悲嘆にくれる人々の心のケアに携わる。『それでも人は生かされている』（ＰＨＰ研究所）など著書多数。

取材・文　八鍬加容子／写真　大島 拓也

直感の九十五%は正しい!

加藤《かとう》一二三《ひふみ》(棋士九段)

十四歳《さい》でプロ棋士《きし》になり、二〇一七年に七十七歳で引退するまでの六十二年十カ月間、勝負の世界で生きてきました。
今日は、これまでの経験から私なりに培《つちか》ってきた心の持ち方を、お話ししたいと思います。

つまずいても、また立ち上がればいい

私が大切にしてきたことの一つに、対局前日の過ごし方があります。

意外に思われるかもしれませんが、勝負の前日であっても、将棋《しょうぎ》のことだけで頭をいっぱいにしないのが、私のやり方でした。

若い頃は、イギリス首相であったウィンストン・チャーチルの『第二次大戦回顧《かいこ》録《ろく》』を読むのが習慣だったこともあります。

三十年ほど前からは、ほぼ決まった通りの一日を過ごすようになりました。まず、私はクリスチャンですから、お祈《いの》りをします。そして、好きなクラシック音楽を聴《き》き、妻が「勝負メシ」として長年欠かさず焼いてくれたビーフステーキをいただきます。

もちろん将棋の研究もしますが、それでもだいたい二時間くらいで、何時間も費《つい》やすことはありませんでした。

そもそも将棋の手は、十の二百二十乗あるといわれています。つまり、無限。無限の世界を極《きわ》めようとしてもキリがないからです。

それに、いったん研究を始めると、私の場合、つい熱中してのめり込《こ》み、やめられなくなってしまいます。ですから、適度なところで打ち切り、その分、体力を温存するようにしていたのです。

こうして同じような前日を過ごしても、やはり、勝つときは勝ち、負けるときは

負けるのが勝負の世界です。

現役《げんえき》時代、光栄にも「神武以来《じんむこのかた》の天才」と呼んでいただいたこともあります。最も伝統のある「名人位」も獲得《かくとく》できました。

しかし、それでも私は、本当によく負けました。勝った数は生涯《しょうがい》で千三百二十四回（※歴代三位）、負けた数は千百八十回（歴代一位）。

負け数が千回目になったときは、将棋界史上初の出来事ということで話題となり、マスコミが取材に集まったほどです。

これは屈辱《くつじょく》ではなく、私にはうれしいことでした。「たくさん負けた」ということは、「たくさんの対局に臨《のぞ》んだ」ということでもあるからです。全力で戦った結果なので、静かに受け入れました。

旧約聖書には、こんな言葉があります。

※2017年の引退当時

「つまずいても、倒《たお》れたときに何かをつかんでいなさい」

つまり、失敗のなかから、次に成功するためのヒントをつかみとればいいのです。

「七転び八起き」という諺《ことわざ》がありますが、実はこれも聖書がルーツの言葉です。神さまは「七回つまずいても、八回目に立ち上がればいい」とおっしゃっているのです。

成功した人だけにしかスポットライトが当たらない社会は、生きにくく未熟だと私は思います。

その点、千回負けた私のことを取り上げて、紹介《しょうかい》してくれるような日本の社会は、たいへん健全ですばらしい。

あきらめない人に神さまは微笑む

思い出深い対局の一つに、昭和五十四年二月の中原誠《なかはらまこと》さんとの戦いがあります。

勝てば私が「王将位」獲得という大一番でした。

激闘《げきとう》が続いた夕暮れです。中原さんが中座したので、私は中原さんが座《すわ》っていたほうへ回り込み、中原さんの側から盤面《ばんめん》をじっくり見つめてみました。

すると、そのとき、パッと絶妙《ぜつみょう》な手が浮《う》かんだのです。これが、後にファンの方が「ひふみんアイ」と呼ぶ方法です。

私はこの一手で、中原さんに勝つことができました。

誰《だれ》もやったことのない行動が、ツキを呼んだのです。あのとき私が、自分の側からだけ見ていたら、あんな妙手《みょうしゅ》は考えつかなかったでしょう。

人生も同じではないでしょうか。行《ゆ》き詰《づ》まったとき、いつもと同じ視点で見ているだけでは、突破口《とっぱこう》は見つかりにくいし、新しいアイデアも生まれにくいと思うのです。

「ああ、もうダメだ」と決めつけず、別の角度からも物事をとらえ、考え直してみる。大切なのは、あきらめないことです。

このあきらめない心は、将棋の世界では特に力を発揮《はっき》します。

あれは、「ひふみんアイ」の誕生《たんじょう》から更《さら》にさかのぼった昭和四十三年十二月のこと。私は大山康晴《おおやまやすはる》さんに勝ち、念願の「十段位」になったのですが、この対局で、生涯最長の七時間という長考をしました。

「何かある」と思ったからこそ七時間もの長考になったのです。ここは絶対にあきらめてはいけません。

たとえ六時間五十九分考えて何も浮かばなくても、次の瞬間《しゅんかん》に、答えが見つかることもあるからです。

「多くの人は、成功する一歩手前であきらめている。成功とは、成功するまでやめないこと」なのだと思います。いくら才能があったとしても、簡単にあきらめてしまったら、それを活《い》かすことはできません。

直感の声に、素直に従ってみる

「直感精読」

これは、私がよく色紙に書く言葉の一つです。「直感でひらめいた手を徹底的《てっていてき》に精読し、裏付けをもって指す」という将棋の極意《ごくい》をあらわしたものです。

いつもではありませんが、時折、盤面を見た瞬間、パッと直感的に手が浮かんでくることがあります。私は、そのようにひらめいた手は、九十五％いい手だと考えています。もちろん、熟考の末に、後から浮かぶ手もあります。「そちらのほうが、いい手ではないか」と、大いに迷うことも確かにあります。

しかし、最初にひらめいた手と後から考えた手が甲乙《こうおつ》つけがたい場合は、私は、最初にひらめいた手で勝負してきました。

なぜなら、ひらめきは無心だからです。

反対に、後から考えた手は〝勝手読み〟。つまり、自分の都合のいいように勝手に考えをこねくり回したもので、一見正しいようでいて、どこかに落《お》とし穴《あな》があることも多いのです。

信仰《しんこう》をもつ私にとって、ひらめきは「神の恵《めぐ》み」でもあります。

もちろん、神さまは分《わ》け隔《へだ》てなさいませんから、みなさんにも必ず恵みを与《あた》えてくださっているはずです。

ふと思った、ピンときた。そんな直感の声を「単なる気のせい」と見逃《みのが》さず、素直《すなお》な心で従ってみるのもいいのではないでしょうか。それもまた、「いいこと」を引き寄せる方法ではないかと思うのです。

Profile

1940年、福岡県生まれ。'54年、14歳で当時史上最年少の中学生プロ棋士となる。2017年の引退まで、62年10カ月にわたりプロ棋士として活躍。敬虔なキリスト教信者（カトリック）としても知られる。'18年、旭日小綬章を受章。「ひふみん」の愛称で親しまれる。

取材・文　金原みはる

「視点を変える」と心は落ち着く

加藤諦三《かとうたいぞう》
（日本精神衛生学会顧問）

ある人からの嫌《いや》がらせの言葉で落《お》ち込《こ》んでいる人がいた。

そのときに、その落ち込んでいる人は「あの人は私を妬《ねた》んでいるのだ」と気がついた。すると、「私は見方によっては、嫌がらせをされるほど恵《めぐ》まれているのだ」と思えてきた。

そう思ったら、それまでより腹が立たなくなったという。「新しい視点」で相手と自分を見ることで、気持ちが変わったのである。

新しい視点で相手と自分を見ることで、気持ちが変わることは確かだが、これは

案外難しいことである。人は慣れた見方をなかなか変えられないからだ。ちょっと見方を変えるだけで幸せになれる。それが幸せへの鍵《かぎ》である。でも、その「ちょっと」がなかなかできない。

ちょっと見方を変えることの障害になっているのが、カレン・ホーナイのいう「内なる障害」である。私の内なる障害とは何かを考えることが、心がくじけたときに立ち直り、楽しい毎日を取り戻す鍵である。

心に元気を取り戻すには

生きる知恵《ちえ》とは何か。視点を増やす能力のことである。視点を増やすということは、耐《た》えがたい状《じょう》況《きょう》を変える方法の一つでもある。

視点が少なければ少ないほど、人生のトラブルは多い。ダニエル・ゴールマンはその著書の中で、マインドフルネスが自分の感情を制御《せいぎょ》することを助けると書いている。マインドフルネスとは過去や未来にとらわれず、瞑想《めいそう》で心を今に向けることである。

じつは、**このマインドフルネスこそ多面的な視点で物事を見ることである。**だからマインドフルネスな人は「疲れた心に元気を取り戻す方法」を持っている人である。

無心になってはじめて視点を増やすことができる。マインドフルネスは真の自己の発見の旅なのである。

マインドフルネスによって、自分の注意が今どこに向かっているかに気がつくことで、違《ちが》った視点から事実を見ることができるようになる。

この多面的な視点が、心の癒《い》やしになる。この心の癒やしが、肉体的癒やしに通じる。つまり多面的な視点は、心身の健康に大きく影響《えいきょう》するのである。

人のせいにする人は逆境に苦しむ

ハーバード大学のエレン・ランガー教授が、心理学者のヘレン・ニューマンと離《り》婚《こん》に関しての調査を行なったところ、結婚生活の失敗を元の配偶者《はいぐうしゃ》のせいにした人のほうが、自分の状況に対して考えうる数多くの解釈《かいしゃく》を見出《みいだ》した人よりも、長いあいだ苦しむことがわかった。

この研究成果を逆境に適用させてもらえば、次のようになるだろう。逆境に弱い人は、自分は逆境に苦しんでいると思う。とくに「なぜ逆境になったのか？」を人のせいにしている人は、逆境に苦しむ。

「なぜ逆境になったか」をいろいろな視点から考える人は、そうでない人よりも逆境に苦しまない。

かつてＩＱ（知能指数）ではなくＥＱ（心の知能指数）が大切だと盛《さか》んにいわれた時代があった。

ＩＱの高い人、ＥＱの高い人、高度にマインドフルネスな人のうち、誰《だれ》がいちばん悩《なや》み多い人生を楽しく乗り切れるかといえば、その答えはもちろん、「高度にマインドフルネスな人」なのである。

失敗を恐《おそ》れて何もできない人は、「成功とは何か？」ということを自分の中でしっかりと定義できていない。

成功とは成長しつづけること。そう定義すれば、「今までとは違った視点」から人生を見ることができるようになる。結果にとらわれていた自分の人生を、「過程という視点」からあらたに見られるようになる。

その結果、失敗を恐れることなく、自分の人生を生きはじめることができる。

成功した人生とは、その人の年齢《ねんれい》にふさわしい生き方をすることであり、自分の潜在的《せんざいてき》な能力を実現しつづけることである。自己実現しつづけることである。

そういう視点を持った人は、失敗を恐れない。

模範的な人が事件を起こす!?

社会的事件を起こした若者について、「世の中にいないくらい真面目《まじめ》な人」とか「信じられないくらい真面目な人」といわれることがある。人々は時に彼《かれ》らを「模《も》範的《はんてき》」と解釈する。

しかし、そのとき私たちは「真面目な行動」という視点に「とらわれて」いる。その若者は別の視点から見れば、「心を閉《と》ざしたかたくなな性格の人」ということである。「社会性と生産性を欠いた性格」とも表現できる。

社会的事件を起こした生徒を、学校の責任者がテレビに出てきて「模範的な生徒」ということがある。

それは、真面目な行動という一つの基準がすべての判断基準になっているからである。視点が一つになってしまっている。

あるいは、社会的に成功した地位にいるのだけれども、何かいつもイライラしている人がいる。

世界有数のお金持ちが、楽しそうな顔をしていないどころか、憂鬱《ゆううつ》そうにしている。あるいは権力の頂点に達しているのだけれども、アルコール依存症《いぞんしょう》の人もいる。

彼らは、真の自分ではない自分、心理学者マズローのいう「疑似自己《ぎじじこ》」を生きている人である。「疑似自己」とは成長への期待や自己肯定《こうてい》感情を失った人である。自らの成長願望がない。

彼らは本来の自己とは違った人間になることを周囲の人から強制された人である。それは、本来の自分を断念した神経症者である。

自分ではない自分になろうとしたところから、彼らの不幸は始まった。

彼らに「防衛の瓦解《がかい》」が起きるときが、社会的事件の起きるときであり、うつ病になるときであり、アルコール依存

症になるときである。心がくじけてしまうときである。

「疑似自己」で生きている彼らは、心の葛藤《かっとう》を社会的成功とか真面目ということで抑《おさ》えている。とにかく社会的成功とか真面目で現実を乗り切ろうとしている。

しかし、心を見れば、彼らが不安と恐怖《きょうふ》の中に閉じこめられていたことがわかるはずである。

悩みは自分自身で作り出している

人はある一つの事実に対して、いくつかの反応をすることができる。人はそのいくつかの反応のうち、一つを選択《せんたく》する。その選択をするのは、まさにこの自分である。

自分の今の感じ方が唯一《ゆいいつ》のものだと思っている人は、自分の生きる道にはなぜこんなに多くの悩みがあるのだろうと嘆《なげ》きながら生きている。

そのさまざまな悩みを作り出しているのは、まさに自分自身の視点なのだということには気づかずに、悩みながら生きていく。そしてストレスがたまり、心がくじけてしまう。

「疲れた心に元気を取り戻す方法」についての鍵を握《にぎ》るのは、自分自身の視点である。

ブドウをとれないという事実に対する反応は人によって違う。ブドウが唯一の価値だと思う人は、ブドウをとれないということで、深刻な劣等感《れっとうかん》に苦しむ。

しかし、ブドウをとることが多くの価値の中の一つにすぎないと考える人は、比《ひ》較的《かくてき》苦しまない。

今の視点にしがみつかなければ、人生について悩まずに生きられるのに、どうしても視点を変えられない。さまざまな悩みを作り出しているのは、まさに自分自身の視点なのだということには気づかずに、悩みながら一生を送る。

半世紀以上にわたってラジオの人生相談をしてきたが、視点の少なさゆえに悩んでいる人の何と多いことかと驚《おどろ》くばかりである。

自分を特別な人間として見ない

視点を変えれば何でもないことを、そのときの自分の視点にしがみついて、大袈《おおげ》裟《さ》に「つらい！　つらい！」と騒《さわ》ぐ人は多い。

そして一生、限られた視点で間違った行動をとり続ける。無理をして努力を続けて、引き続き不幸な日々になる。

大切なのは、自分が今どのような視点から物事を見ているのか、ということを理解することである。

「不快な感情をコントロールする能力は、精神の幸福を得る鍵だ」（ゴールマン）という。

幸福になる鍵はマインドフルネスであることだ。それは、今の不快な体験を違った視点から見る能力である。つまり視点が多いことである。広い視野を持つことである。

アメリカのある心理学の教科書に載《の》っている調査によると、暴力をどう考えるかは男と女でかなり違う。二二％の女性は、離婚の重大な原因と考えている。しかし、たった三％の男性しか暴力を離婚の重大な原因とは考えていない。

多面的視点からものごとを認識《にんしき》できれば、批判されたときでも、怒《いか》り心頭に発することがない。また逆に、極端《きょくたん》に落ち込まない。

心を苦しめるものは何もないのに、気持ちが沈《しず》み込んでいる人がいる。まさにこれは心の病であろう。

また逆に、滅入《めい》っていても元気よくふるまう人もいる。

しかし、人はよく、このような人を単純に「強い人」として、その人のしている陰《かげ》の努力や必死でしている忍耐《にんたい》を見ない。あるいは軽く見る。

そして自分のしているわずかな苦労を、ものすごいことのように大騒ぎする。

「つらい！　つらい！」と大騒ぎしている人は、必ずしも最もつらい体験をしているわけではない。

視点を変えれば何でもないことを、そのときの自分の視点にしがみついて、大袈裟に騒ぐ人は多いのである。

視点を変えるとは、自分を特別な人間として見ないということである。**自分もほかの人々と同じで、この人生には苦しいことがたくさんあることを受け入れる**ということである。

自分にだけ特別に安易な人生が用意されていると期待すれば、ささいなことを「つらい！　つらい！」と大騒ぎすることになる。

自己中心的な視点に気がつけば、幸せの扉《とびら》は開くだろう。

Profile

1938年、東京都生まれ。早稲田大学名誉教授。東京大学大学院社会学研究科修士課程修了。ニッポン放送系のラジオ番組「テレフォン人生相談」にパーソナリティとして半世紀以上出演中。著書に『前を向きたくても向けない人』（ＰＨＰ新書）など。

イラストレーション　松栄舞子

第二章

人生、山あり谷あり

石井ふく子（プロデューサー、演出家）
藤城清治（影絵作家）
加藤登紀子（シンガーソングライター）
杉 良太郎（歌手、俳優）
野村克也（野球評論家）
柳田邦男（ノンフィクション作家）

一つひとつの出会いが宝物

石井《いしい》ふく子《こ》（プロデューサー、演出家）

生まれは東京下町。当時の下谷区数寄屋町《したやくすきやちょう》というところです。上野の不忍池《しのばずのいけ》から湯島天神《ゆしまてんじん》へ続く坂道からちょっと入った路地の突き当たり。そこの二階家が我が家でした。

あたりは料亭や芸者さんの置屋が集まる地域です。ご近所には着物の洗い張り屋さんや踊りのお師匠さんのお宅があって、落語家さんなんかも住んでいらっしゃいました。

私の母も芸者をしておりました。住まいの隣が母の仕事場で、子どもの頃はよく二階の物干し台をまたいで行ったり来たりしたものです。ただ、母は忙しく、ほとんど私の相手はしてくれませんでした。とにかく自由奔放《ほんぽう》な人だったんです。

母から、人に恵まれる運を授けられた

母が私を産んだのは、大正十五年九月一日。暦《こよみ》の上では「天一天上《てんいちてんじょう》」といって、この日に生まれた子は、〝人に恵まれて育つ〟と言われていたそうです。それを知った母は、自分もこの日に出産しようと決めたんですね。

一人で病院へ行って、帝王切開で私を産みました。当時はまだ危険な手術でした。お医者さまも驚いて「あなたの命にかかわりますよ」と言ったそうです。でも、母の決意は揺るがなかった。「自分は母親として生きるような女じゃない。私にできることは〝いい日〟に産んであげて、この子に運を授けることだけだ」。そう考えたらしいのです。

相当な覚悟だったと思います。あとで言われました。「母親としての一生分の責任は、あのとき先払いしたの」って。ちゃっかりしてるんです（笑）。あとの子育ては一緒に住んでいた祖父と祖母まかせ。その代わり、「好きなようにおやりなさい」と、私の生き方に口を出すことはありませんでした。

三歳の頃から日本舞踊を習い始めました。学校は嫌いでしたが、踊りは大好きだった。毎日お稽古に行きました。一人っ子でしたので一緒に遊ぶきょうだいはいませんでしたが、踊ってさえいれば寂しいと思うことはありませんでした。

母は結婚せずに私を産みましたので、実の父親の顔は知りません。何歳のときだったか、その父が入院中と聞かされました。「もう会えないかもしれないから、会いに行ってもいいのよ」と言われましたが、「行かない」と答えました。最初で最後に見る父が、病で衰えた姿であってほしくなかったからです。

その後母が結婚したのが、新派のスター俳優だった伊志井寛《いしいかん》でした。血のつながりはありませんが、私にとって父といえばこの人です。

たくさんの人との忘れられない出会い

戦時中は親子三人で山形に疎開しましたが、疎開先から戻ってみれば東京は焼け野原。住む家もなく転々としていたところ、あるとき父が友人の俳優・長谷川一夫《はせがわかずお》さんとばったり会ったのがご縁で、家族でお宅に住まわせていただけることに。私が二十歳のときでした。

住む場所が決まったとはいえ、働かなければ食べていけません。当時は女性の就職先がほとんどなかった時代です。長谷川のおじさまのすすめで新東宝の女優として働いたこともありました。けれど、華やかな表舞台は、どうも私には向きません。二年ほどで辞めて、その後は新聞の求人欄で探した建設会社の本社宣伝部で働くことになりました。

本社といっても、部長と課長と平社員の私の三人きり。その会社がラジオドラマのスポンサーになったことから、番組制作のお手伝いをすることになったのですが、原作を選ぶところから、脚本家への依頼、配役、出演交渉、収録の立ち会い……と、何でも私がやらなければならなかったんです。

結局これがプロデューサーという、後の私の職業につながっていきました。テレビ局のＴＢＳからお声がかかり、初めてかかわったテレビドラマが「橋づくし」。以来、五十六年間で四千本以上のドラマを作り続けてきました。

そんななかで忘れられないのは、人との出会いです。たとえば「この文学作品をぜひドラマにしたい」と思ったら、原作者である作家の先生に会って許可をいただかなければなりません。これが大変なんです。

夏になると作家の先生方は軽井沢の別荘に滞在されることが多かったんです。そこをねらって、軽井沢を歩き回ったこともありました。丹羽文雄《にわふみお》先生、室生犀星《むろうさいせい》先生、円地文子《えんちふみこ》先生、松本清張《まつもとせいちょう》先生……昭和を代表するそうそうたる作家の方々とおつきあいさせていただきました。

特に思い出深いのは、山本周五郎《やまもとしゅうごろう》先生です。横浜の仕事場に何度も通ったのですが、最初は玄関ごしに声をかけても、お返事さえしてくださらなかった。ところが四度目にうかがったら、突然扉《とびら》がガラッと開いて「入れ！」。入ったら今度は「ここには酒か水しかないが、どっちがいい？」と、言われました。私はお酒が飲めませんから、「お水をいただきます」と申しましたら、「自分でくんで飲みなさい」。

素っ気ないけれど、これが最初の会話でした。それでも、結果的には私のお願いを聞いてくださり、以来、何かにつけて声をかけていただけるようになりました。なぜでしょうね。私は、あまりおしゃべりなほうじゃない。無愛想でお世辞も言えないたちです。ただ、先生方にはよく「気がラクだ」と言われました。一緒にいてもジャマにならないのがよかったのかもしれません。

作家の方々だけではありません。たくさんの役者さんやスタッフのみなさん。一つひとつの出会いが宝物です。これも「人に恵まれるように」と母が先払いして私を産んでくれたおかげかもしれませんね。

父、伊志井寛も私に大きな宝物を遺してくれました。それは舞台との出会いです。テレビドラマのプロデューサー経験しかなかった私に、あるとき父が、自分が出演する舞台作品を「おまえが演出しろ」と言い出した。

最初は断りましたが、「おまえの言うことは何でも聞くから頼む」と父。「わかった。本当に何でも聞くのね」と念押しすると「うん」といつになく素直にうなずくんです。仕方なく引き受けざるを得なくなりました。「なつかしい顔」という作品で、父の娘役を演じたのは二代目の水谷八重子《みずたにやえこ》（当時良重《よしえ》）さん。劇場は新橋演舞場でした。

実際やってみたら、舞台の仕事はほんとうにおもしろかった。お客さまが目の前にいらして、独特の緊張感がある。私は舞台にすっかり惚《ほ》れ込《こ》んでしまいました。※八十九歳の今も、ワクワクしながら舞台の演出

※2016年当時

ができるこの幸せ。父には感謝しなければなりません。

「普通の家族」への憧れが原点

夏になると、上野の不忍池は一面蓮《はす》の花が咲き誇ります。幼い頃は、祖母に連れられてよく池の真ん中にある弁天様にお参りに行きました。蓮の花が咲くときのポンという音が今でも耳に残っています。帰りに茶店で食べたゆで卵のおいしさも忘れられません。

プロデューサーになってから、私が役者さんたちに決まって差し入れするのが、おにぎり二個とゆで卵。これは、あの茶店の味が原点です。私にとって、あの界隈《かいわい》こそが故郷と呼べる場所。水谷豊《みずたにゆたか》さん主演の「居酒屋もへじ」の舞台を上野にしたのも、やはりあの町に特別な思いがあるからでした。

「ただいま十一人」「肝っ玉かあさん」「ありがとう」「渡る世間は鬼ばかり」など、これまで数多くのホームドラマを手がけてきました。親子やきょうだいが怒ったりケンカしたり、ホロリと泣かされてみたり笑ったり……。

自分自身が特殊な環境で育ったせいでしょうか。そんなごく普通の家族の姿は、憧れでした。憧れだったからこそ、他の人が当たり前と見逃してしまうような日常も、〃ドラマ〃として描くことができたのかもしれません。

けれど、私が憧れた普通の暮らしも、最近ではずいぶん変わってしまいました。昔と違って家族がそろってごはんを食べること、「いってきます」「ただいま」の挨拶もない。たまに会っても、下を向いたままスマホに夢中でしょう。なんだか寂しいですね。

そんな今だからこそ、ドラマを通じて人間がもっている思いやりや家族のぬくもりを伝えたい。この歳《とし》になっても、やりたいことがまだたくさんあるんです。

今、新しいドラマの準備もしています。これは作家・藤沢周平《ふじさわしゅうへい》さんのお嬢さんが、お父さまとの思い出を綴《つづ》った随筆をもとにしたもの。藤沢さんの教えの一つが「普通が一番」だったそうですが、その言葉が私の心に響きました。やっぱり私は「普通」に憧れるんですね。

Profile

1926年、東京生まれ。新東宝の俳優、日本電建宣伝部などを経て'61年にTBS入社。「肝っ玉かあさん」「ありがとう」など数々のホームドラマをヒットさせる。特に、脚本家・橋田壽賀子との「渡る世間は鬼ばかり」は20年にも及ぶ長寿番組となった。2014年には「世界最高齢の現役テレビプロデューサー」として、'15年には「最多舞台演出本数」でギネス記録に認定されている。

取材・文　金原みはる／写真　関 暁

心の「こびと」に正直に生きる

藤《ふじ》城《しろ》清《せい》治《じ》
（影絵作家）

「影絵作家」というと、ひとり孤独《こどく》にコツコツと作品をつくっているイメージがあるかもしれません。けれども、僕《ぼく》の周りには、いつも素晴《すば》らしい人や動物、自然がありました。刺激《しげき》を与《あた》えてくれる出会いに導かれ、心を揺《ゆ》さぶられ、そこからにじみでる思いが、僕の作品の源流となってくれたのです。

僕は黙《だま》って絵ばかりを描《か》いている子どもでした。あんまりしゃべらないので、小学校のとき、母が心配して担任の先生に相談したそうです。先生は、「大丈夫《だいじょうぶ》。いつもクラスメイトの輪のなかにいて、話を聞いたり笑ったりしていますから」と言ってくださったそうですが、その通りでね。僕の気持ちのなかでは、孤独ではなかった。ずっと友だちと一緒《いっしょ》に遊んでいるつもりだったのです。ただ、しゃべるのが苦手なだけ。

だから、話すよりも、絵を描いた。自分が「きれいだな、可愛《かわい》いな、おもしろいな」と感じるものを描いて、「こんなものがあるよ！」とみんなに伝えたかったんです。

観客の笑顔を見るのが何より好きだった

その頃から、細かな絵を描くことが好きでした。動物の毛の一本一本、葉っぱの一枚一枚を精密に模写するんです。当時の満州国《まんしゅうこく》（現在の中国東北部）の地図を、正確な縮尺や等高線に従って克明《こくめい》に描いたこともありました。東郷平八郎《とうごうへいはちろう》など、偉《い》人《じん》の似顔絵なんかもよく描きました。「上手《じょうず》だね」とほめられるのがうれしくてね。細かいものを徹底《てってい》して、写実的に描き込《こ》むのが、幼い頃の僕のスタイルでした。

そんな画風が変わったのは、慶應義塾《けいおうぎじゅく》大学の予科に行き、絵画クラブに入ってからです。大きかったのは、猪熊弦一郎《いのくまげんいちろう》さんという人との出会いでした。猪熊さんは、当時フランスから帰国したばかりの新進気鋭《きえい》の画家でした。陽気な性格で、よくしゃべる。いつも仲間の中心にいるような人で、無口な僕には憧《あこが》れの存在でした。何よりピカソやマチスのようなモダンで斬新《ざんしん》な色使いの絵に驚《おどろ》かされ、すっかり魅了《みりょう》されました。

猪熊さんもまた、ずいぶん年下の僕を弟子《でし》のように可愛がってくださり、よく一緒に写生に出かけたりしたものです。写実的に描くことだけが正解じゃない、と教えてくださった猪熊さんは、僕の恩師でした。

その頃のもう一つの出会いが、人形劇でした。小さくて可愛らしい紙粘土《かみねんど》の人形が、動いて、しゃべって、観客を喜ばせる。絵ばかり描いていた僕には、衝撃《しょうげき》でした。

そこで、予科の児童文化研究会に入って、人形作りや劇を始めたんです。やってみると、とにかくおもしろくてね。無口な僕が、人形を手にすると、人が変わったようにペラペラ話せる(笑)。得意だったのは、魔女《まじょ》や化け物です。沼《ぬま》の精になって、ブクブクブク……と口で効果音を出したり、「ウォー!」と大声を上げたり。そのたびに、子どもたちがドッと笑ったり、怖《こわ》がったりするんです。それが楽しくて。

それに、人形劇は、大人も楽しめる舞台《ぶたい》芸術です。猪熊さんのアトリエで、彼《かれ》の

仲間の大人たちを前に発表会をしたこともありました。パリ風のモダンな劇に憧れて、友人たちと筋を考えたものです。自分たちがつくったもので、誰《だれ》かを楽しませることができる。こんなに素晴らしいことは、ほかにないと思いました。

一方で、日本の世相は、どんどん暗くなっていきました。戦争が始まったのは、僕が予科に入った年です。入学から一年半ほどして、僕らも学徒動員に駆《か》り出《だ》されました。静岡県で畑に水を送る土木工事をやったり、神奈川県の工場で防弾《ぼうだん》チョッキをつくる仕事もした。唯一《ゆいいつ》のなぐさめが、勤労後に有志で人形劇を上演することでした。娯楽《ごらく》のない時代ですからね。そこで働く千人近い方が喜んで観《み》てくれました。

美しいものを見ると、人は笑顔になる

その後は海軍予備学生に志願し、海軍航空隊に入隊しました。二年目に千葉の九十九里《くじゅうくり》の香取《かとり》航空隊に配属され、少尉《しょうい》として少年兵たちを訓練しました。日増しに戦況《せんきょう》は悪化し、敵がいつ攻《せ》めてくるかわからない。特攻隊《とっこうたい》として、

沖縄へ出動した仲間もいる。あんなに死を身近に感じたのは初めてのことでした。

そこでも一日の終わりに、少年兵と一緒に人形劇をやりました。この班でこの劇を行なうのは今夜が最後かもしれない……。だからこそ人形に希望を託《たく》して、一所《いっしょ》懸命《けんめい》に演じていました。どんなに苦しい状況でも、人は美しいもの、おもしろいものを見ると笑顔になるんです。僕たちの演技によって、観ている人の心が動くのを感じられると、生きているんだという実感を得ることができました。

終戦を迎《むか》えたとき、人形たちは海に流しました。僕のなかで、辛《つら》い時代に区切りをつける気持ちでした。

影絵を知ったのは、戦後、慶應義塾大学の二年生に復学してからです。影絵といっても、動かない絵ではなく、影絵劇。焼け野原の東京でも、何とか子どもたちに希望をもって生きてもらいたくて、自分にできることを考えたとき、劇をやろうと思いました。でも物資がないから、人形はつくれない。でも、影絵劇なら、ボール紙とはだか電球一つあればできるでしょう。「これだ!」と思いました。

最初のうちは、人形劇ができない代わりに始めたものでしたが、すぐに影絵の魅力に引き込まれました。影は光の当て方次第《しだい》で無限に形を変えて、光を消せば消えてしまう。ロウソクの炎《ほのお》にゆらめく不思議な影もあれば、スクリーンから遠ざければワーッと大きく迫《せま》る影もある。人形劇以上に奥深《おくぶか》い世界が、影絵劇にはあるように感じました。僕は次第に光と影に夢中になりました。

もし、物資の足りていない戦後に劇をやろうと思っていなかったら、影絵には出会えていませんでしたし、今日《こんにち》の影絵作家としての僕はいなかったでしょう。

自分からつかみ取りにいくというより、何か大きな流れのなかで大事なものに出会う。その流れのなかで、一所懸命にやる。僕の人生は、その積み重ねのように思います。

その後も、いろいろな出会いがありました。うれしかったのは、戦後間もない時代にあって、僕の絵や影絵劇をいち早く理解して認めてくれる人と出会えたことです。『暮しの手帖《てちょう》』の名物編集長だった花森安治《はなもりやすじ》さんもその一人でした。当時、僕は東京興行(現・東京テアトル)という映画会社の宣伝部の社員でした。ちょうどその頃、銀座全線座の目の前に花森さんが住んでいたので、顔を合わせる機会があったんですね。

「君の強みは影絵だ」

あるとき、花森さんが、僕がつくったパンフレットを見て、「その絵、とてもセンスがいいね」とほめてくれました。最初はちょっと怖かったけれど、話はおもしろいし、何よりずっと年下の僕の絵を熱心に見てくれた。すぐに彼を慕《した》うようになりました。

「『暮しの手帖』の創刊号から影絵を連載しないか」と言ってくれたとき、これは大船に乗るしかない、と思いました。以来、四十八年間も連載してくださり、それが僕の作品を多くの人に知っていただくきっかけになりました。花森さんが「影絵に絞《しぼ》ったほうがいいよ。君の強みは影絵だ」と言ってくれたのも大きかったですね。

あるとき、東京通信工業という会社から、僕の影絵を、新製品のスライド映写機のキャンペーンに使わせてほしいという連絡《れんらく》があり、品川にあったその会社へ行ってみると、出迎えてくれたのは、盛田《もりた》昭夫《あきお》さんと井深《いぶか》大《まさる》さんという二人の若き創業者でした。今のソニーを作ったお二人ですね。

愉快《ゆかい》だったのは花森さんです。彼は何でもズバズバ言う人ですからね。最初は、「そんなどこの馬の骨ともわからない会社の仕事なんかするな」と猛《もう》反対だったのに、後で盛田さんとすっかり意気投合して、「いやぁ、あそこはいい会社だよ」なんて言うんだもの(笑)。本当に僕は人に恵《めぐ》まれた。人に育ててもらったようなものです。

八十歳《さい》を過ぎて広島の原爆《げんばく》ドームや東日本大震災《だいしんさい》の被災地《ひさいち》を描いたのも、一つの出会いです。「描いてやろう」と自分から求めたのではありません。時代の流れと大宇宙のなかで、自然に引き寄せられたのだと思います。

幼い頃、目で見たものを一つひとつ丹念《たんねん》に描くのが大好きだったように、今も見たものすべてに生命《いのち》の輝《かがや》きを感じ、その輝きを写し取ることが、大いなる喜びです。

僕は影絵のなかによく「こびと」を描きます。なぜなら、「こびと」は、出会ったものを見つめる僕自身の目であり、分身だからです。「こびと」は、空を飛んだり、楽器を奏《かな》でたりと、夢のなかを楽しく自由に動き回って生きる喜びを謳歌《おうか》します。

人はみんな、心に「こびと」をもっています。大きな流れに逆らわず、心の「こびと」に正直に生きること。これが人生で大事なことではないでしょうか。※僕も百歳を迎え、未来のすてきな地球を生きる喜びを信じて、光と影で描き続けていきたいと思っています。

Profile

1924年、東京生まれ。12歳から油絵をはじめ、慶應義塾大学卒業後、人形劇、影絵劇、雑誌の装画など、多彩な活動を続ける。『藤城清治の旅する影絵　日本』（講談社）をはじめ、影絵集、絵本など著書多数。

取材・文　金原みはる／写真　遠藤 宏

※2025年追記

不本意な言葉も自分を鼓舞する材料に

加《か》藤《とう》登《と》紀《き》子《こ》
（シンガーソングライター）

私には、忘れられない言葉がいくつもあります。忘れもしない言葉、と言ったほうがいいかもしれません。言われてショックを受けたり憤慨《ふんがい》したり。そうした「不本意な言葉」も意外に自分を鼓舞《こぶ》するきっかけとなったことに気づきます。

大学四年生のとき、アマチュアのシャンソンコンクールで優勝したことをきっかけに、歌手としてデビューしました。けれど、歌は与《あた》えられたものを歌うだけ。周囲の大人たちはなんとか従来の成功例にあてはめて、「商品」として売り出そうとしていました。心の奥《おく》には、何かちがうという思いがありました。

そこで、あるときから自分で詩や曲を作り始めたんです。すると、「歌手が自分で曲を作ったり詩を作ったりし始めたら、もう終わりだ。だれもあなたのために曲を書いてくれなくなり、見捨てられる。その覚悟《かくご》はあるのか」とひどく怒《おこ》られてしまって。

今でこそシンガーソングライターはめずらしくないものの、一九六〇年代半ばまでは、レコード会社に専属の作曲家や作詞家がいて、歌手はその人たちが作った曲を歌うという時代でした。

でも、子供の頃から海外の音楽に親しんできた私は、欧米《おうべい》では歌手が自分で歌を作っていると知っていましたし、とくにシャンソンは曲や歌詞も自分で作っている歌手が多かった。歌いたい歌を作っているだけで「歌手として、もう終わりだ」なんて。

一方で、「自分で歌を作ったほうがいいよ」と言う人もいました。「あなたは東大を出ているんだから、歌くらい作れるだろう」と。その物言いにムカッときて、じゃあ作ろうじゃないのと本格的に取り組みました。そうして生まれたのが、「ひとり寝《ね》の子守唄《こもりうた》」。多くの方に私を知っていただけた曲になりました。

その後、一九七二年に結婚《けっこん》し、長女を出産。しばらく子育てに専念していましたが、その間、世界各国の音楽を聴《き》いていました。なかでもフォルクローレ（ラテンアメリカの民族音楽）に惹《ひ》かれた私は、復帰した際に「灰色の瞳《ひとみ》」という曲に日本語の歌詞をつけて、長谷川《はせがわ》きよしさんとデュエットしました。この曲は、自分でも驚《おどろ》くほどヒットしたんです。

でもある人に、「おまえ、何を考えているんだ。日本人は『その道一筋』というのが好きなんだ。『ひとり寝の子守唄』でやっと加藤登紀子の世界が作れたのに、ラテン音楽をやるなんて」と言われたのです。

私は「世界中にいい曲があるのだから、どこの音楽だっていいじゃないの」と思いましたし、フォルクローレに一生を捧《ささ》げるつもりでこの歌を選んだわけではありません。それなのに、「ラテンをやりたいなら徹底的《てっていてき》にやって、日本におけるパイオニアになれ。でないと、この国では認められない」とまで言われてしまったのです。

強烈《きょうれつ》な「忠告」でしたが、私はそれでも気にしないで、やりたいようにやってきました。一つは私の歌を聴き、愛してくださる方に恵《めぐ》まれたから。そしてもう一つは、常に母の教えが胸にあったからです。

私は中国のハルビンで生まれ、三歳《さい》にも満たないとき、日本に引《ひ》き揚《あ》げてきました。ハルビンには、ロシアの隅々《すみずみ》から強制的に移住させられた多くの人がいました。国が守ってくれなくても、自分の文化や料理、生活を守り、健気《けなげ》に強く生き抜《いぬ》いてきた人たちの姿に、母は励《はげ》まされたそうです。

母はよく、「人と人は、『あなたと私』の一対一で向き合わないといけない」と言っていました。あなたと私という関係で向き合えば、国や性別、立場は関係ないと。

だから私は、杭《くい》のように心に突《つ》きささることを言われても左右されず、自分のやりたい道を選んでこられたのだと思います。

「ネガティブな言葉は使うな」に反発

ただ、そんな私でも、ちょっとびっくりするようなことがありました。

あるレコード会社に移籍《いせき》した頃のことです。今後は歌謡曲《かようきょく》の歌手ではなく、アーティストとして徹底的にオリジナル曲を作ると決意し、曲作りに励んでは、全曲書き下ろしのアルバムを出し続けていました。

するとある日、会社の人が「曲を作っていただいても困るんです」と言うんです。聞けば、「コマーシャルやテレビ番組とタイアップした曲でないと、レコーディングしないことになりました。それでも曲を作ると言うなら、一切《いっさい》ネガティブな言葉を使わないでください。ネガティブな歌はコマーシャルに売れないから」という話でした。

驚きました。私にとって歌とは訴《うった》えることなんです。自分のなかの孤独感《こどくかん》やつらさを訴えたい、伝えたい、そういう気持ちから曲が生まれるんです。

この一件は、とても大きな教訓になりました。音楽業界にとって音楽とはそういうものなのか。だったら私は私のやり方で続けるしかない、と腹をくくったのです。

それ以降、音楽業界のど真ん中にいなくちゃという意識を捨てて、だれに遠慮《えんりょ》することなく曲を作り、歌っています。私にとって、この上ない幸せです。それも、理不尽《りふじん》な声にくじけず、奮起《ふんき》して自分の道を切り開いてきたからでしょう。

つらさに寄り添い、人を力づける

私はポジティブなだけの歌はあまり好きではありません。生きていればつらいこともあり、思いがけない災難に見舞《みま》われ、絶望しそうになることもあるでしょう。そんなとき、ただ明るく「前を向いて、がんばって」と言われても、心に響《ひび》きませんよね。

曲というのは、最もつらい人に寄《よ》り添《そ》うために生まれるもののような気がします。その人と同じ場所に立ち、つらさを共有しながら、手を取って「一緒《いっしょ》に進みましょう」というのが歌だと思うんです。

ですから、とくに詩を作るときは、どうすれば苦しみのなかにいる人の気持ちになれるのか、その手がかりを見つけるまで七転八倒《しちてんばっとう》します。身近な人に話を聞いたり、時事を学んだり、被災地《ひさいち》に足を運んだり……。そうして最もつらい人に寄り添うことで生まれた詩や曲は、人を力づけることができるんじゃないかと思っているんです。

今まさに、大変な思いをしている人もいらっしゃるでしょう。暗いトンネルに突き落とされたように感じている人もいるかもしれません。でも、そのどん底を味わい、トンネルをくぐり抜けた人はきっと強い。「平気だから」と気持ちをごまかして逃《に》げるのではなく、自分のなかの苦しみやつらさと徹底的に向き合うことが、乗《の》り越《こ》えることにつながるんじゃないでしょうか。

私自身、夫を亡《な》くしたときは悲嘆《ひたん》に暮れ、そのトンネルのなかで「この時間は自分にとって大事なんだ」と思いながら過ごしました。トンネルから私を引っ張り出してくれたのは、「曲を作り、歌うこと」です。
コンサートでは、会場にいる最もつらい人が置いてけぼりにならないようにと願いながら歌っています。これからも、トンネルのなかにいる人の手を取って、「よいしょ」と引っ張って差し上げられるような曲を作り続けていきたいです。

取材・文　鈴木裕子

Profile

1943年、中国ハルビン市生まれ。'65年、東京大学在学中に第2回日本アマチュアシャンソンコンクールで優勝し、デビュー。「百万本のバラ」「難破船」などヒット曲多数。著書に『加藤登紀子詩集』（春陽堂書店）などがある。2025年にデビュー60周年を迎える。

一生懸命に勝るものはない

杉《すぎ》　良太郎《りょうたろう》
（歌手、俳優）

二十歳《はたち》で歌手としてデビューして、今年※で芸能活動五十五年になります。「文五捕物絵図《ぶんごとりものえず》」で主役を務めてからは、「水戸黄門《みとこうもん》」や「遠山《とおやま》の金《きん》さん」など、時代劇を中心に千四百本以上のドラマに出演しました。

もともと、とことんやらないと気が済まない性分《しょうぶん》です。朝から晩まで、どうしたら視聴者《しちょうしゃ》の方に喜んでいただけるかを考えていました。自分の立ち回りの流れも自分で組み立て、演出や脚本《きゃくほん》にもどんどんアイデアを出していました。たとえ対立することがあったとしても、自分がいいと思うことは堂々と主張してきました。

※以下、2019年当時

そのせいか、若い頃《ころ》は、「自分本位」「わがまま」などと、さんざん叩《たた》かれました。しかし、私は本来それとは真逆の人間で、自分のことはどうでもいいんです。役者ひとりが目立ったところで、作品全体がつまらなければ話題にもならないし、視聴率も上がりません。ですから、まず作品をよくするためにどうすればいいかを一生懸命《いっしょうけんめい》に考えてきただけです。時には、一生懸命が度を越《こ》えて、非常識と言われることもありましたが、非常識といわれるほどの一途《いちず》さがなければ、人の心は動かせません。

今日が命日になってもいい

私がそんな想《おも》いを強くしたのは、劇作家の故・中江良夫《なかえよしお》先生との出会いがきっかけです。生涯《しょうがい》、お金や名誉《めいよ》とは無縁《むえん》の人で、安酒場で飲みながら「俺《おれ》はバカだ、ダメだ」と自嘲《じちょう》するような方でした。しかし、中江先生ほど純粋《じゅんすい》で、人間の魂《たましい》を深く描《えが》き出《だ》せる人はいません。私にとっては、今でも日本一の劇作家です。

その中江先生が、当時二十八歳《さい》だった私のために、一年がかりで書いてくださったのが舞台《ぶたい》「清水次郎長《しみずのじろちょう》」の脚本でした。そのなかに、年老いた大親分が、私演じる若き次郎長を諭《さと》す、こんなセリフがあります。

「次郎長どん見なせぇ、あの紅葉《もみじ》をよ。綺麗《きれい》じゃねぇか。ことに散《ち》り際《ぎわ》が綺麗だ。わけぇ青葉の頃を力いっぱいに生きてくりゃこそ、散り際にあの色艶《いろつや》を残せるんだよ」

それは、舞台の脚本のなかのセリフではありましたが、中江先生が私・杉良太郎に言ってくださっている言葉だと思いました。

舞台の初日が終わると、中江先生が楽屋に来てくださいました。そして、泣きながら「いいな、いいな」と言うんです。「何がいいんですか」と尋《たず》ねると、「一生懸命にやっているのがいい。一生懸命に勝《まさ》るものはない」とおっしゃいました。

以来、「一生懸命」が私の人生の道しるべになっています。舞台に立つときは、「今日が命日だ!!」という覚悟《かくご》で、死ぬ気でやってきました。一カ月の公演で十七キロやせたこともありました。いつも本気で、ただただ一生懸命にやってきました。

ですから、「杉さま」などと騒《さわ》がれるのは嫌《いや》でたまりませんでした。「マダムキラー」とか「流し目」と言われるのは、下品で薄《うす》っぺらな気がして、もっと腹が立ちました。私

は人に媚《こ》びるのは大嫌《だいきら》い。プロとして最高の芸を見ていただきたいだけで、上っ面《うわつら》のサービスで芝居《しばい》をやっているわけではないんです。

与えられたことをただやるだけで満足するな

久しぶりに出演したドラマ「下町《したまち》ロケット」でも、その気持ちは変わりませんでした。最初に出演依頼《いらい》があったのは、四年ほど前のこと。ただ、そのときは、とても引き受けられる状態ではありませんでした。実は、大動脈弁狭窄症《きょうさくしょう》という病で心不全から肺炎《はいえん》を起こし、生きるか死ぬかの真っ只中《まただなか》だったからです。

しかし、プロデューサーに会社の前で「出てくださるまで帰らない」と粘《ねば》られ、会社の社員も困り果てる始末。私も彼《かれ》の根気に負け、退院後、話を聞くことにしました。退院したその足で会社に行くと、監督《かんとく》とプロデューサーが待っていました。私に話がきたのは、藤間秀樹《とうまひでき》という大企業《だいきぎょう》の社長という役どころ。「大企業こそ、中小企業の技術を認めて、支えていかなければ、日本の未来はない」という藤間社長の信念は、常日頃の私自身の考えでもありました。

そんな役の想いとスタッフの熱意に負け、出演を決意。撮影《さつえい》中の体調はよくなかったのですが、引き受けた以上はやり遂《と》げる責任があります。最後の撮影が終わったのは夜中の一時半。そのまま入院して、翌日、心臓の弁を取《と》り換《か》える手術を受けました。

おかげで、その後は元気になり、昨年は、同じ「下町ロケット」シリーズの第二《だいに》弾《だん》にも続投させていただきました。以前の私のように、大事な場面では監督たちと相談しながら、自分でセリフや演技のプランを練り直すこともよくありました。

たとえば、保身に走る部下を、私演じる藤間社長が一喝《いっかつ》するクライマックスのシーンでは、本番だけ別の動きをすることを提案しました。

事前に数名の主要なスタッフとだけ打ち合わせをし、役者陣《じん》には一切内緒《いっさいないしょ》。本番で突然《とつぜん》テストとは違う動きをしたので、みなさんさぞ驚《おどろ》いたことでしょう。

実際の芝居では、不都合を隠蔽《いんぺい》しようとする部下に「恥《はじ》を知れ！」とセリフを投げつけたあと、ズズズッと近づき、その部下の顎《あご》をクイッとあげて睨《にら》みつけました。

台本にはない動きだったので、部下役を演じていたアナウンサーの福澤朗《ふくざわあきら》さんは、素《す》で驚かれていたと思います。目をカッと見開いたまま固まってしまい、その嘘偽《うそいつわ》りのないリアクションが、逆に手に汗《あせ》にぎる緊迫感《きんぱくかん》を際立たせてくれました。

「カット！」の声がかかって撮影が終わっても、しばらくスタジオ中が静まりかえったままでした。福澤さんは、ノドがカラカラになって「水、水……」とうめいたそうです。主人公を演じた阿部寛《あべひろし》さんからもらった年賀状には、「藤間社長、本当にすごかったです」と書いてありました。最高のほめ言葉ですね。

のさばる悪を裁いて正義が勝つ。こうした勧善懲悪《かんぜんちょうあく》は、視聴者の方がスカッと溜飲《りゅういん》を下げる一番の見せ場です。だからこそ、私はやれることは何でもやる。そのくらいの気概《きがい》がなければ、人の心を打つ作品はつくれません。

役者やテレビのスタッフに限らず、今の若い人に伝えたいのは、与《あた》えられたことをただやるだけで満足するな、ということです。

「君はどうしたい」と訊《き》かれたら、十も二十もアイデアを出せる人間であってほしい。たとえ煙《けむ》たがられても、間違《まちが》ったことには「ノー」が言える人間であってほしい。

そのためにも、今いる環境《かんきょう》で、自分の頭をフル回転させながら、一つのことに本気で取り組んでほしいと思います。歳《とし》をとってからの苦労はただつらいだけですが、若い頃の苦労は確実に自分の肥《こ》やしになりますから。

ただ与えることに徹するのみ

もう一つ、私が力を注いできたのが福祉《ふくし》活動です。デビュー前の十五歳のときに刑務所《けいむしょ》や老人ホームを慰問《いもん》したのが最初ですから、六十年になります。ベトナムでの日本語学校の運営や養護施設《しせつ》への寄付、それに私自身が百五十二人※の孤児の里親にもなっています。そのほか、世界各国でのチャリティーコンサートにも飛び回っています。

ただ、私の場合、つい度が過ぎてしまう。若い頃、寄付するお金が足りなくなって、銀行に「この体を担保に一億円貸してくれ」と頼《たの》み込《こ》んだこともありました。自宅も会社も抵当《ていとう》に入っていて、それしか手がなかったのです。

偽善《ぎぜん》だの売名だのと言われることもありますが、言いたい人には言わせておけばいい。「そうです。偽善で売名ですよ。偽善のために数十億円を自腹で使ってきました。ぜひ、あなたも自腹で数十億円出して名前を売ったらいいですよ」と開き直るだけです。

お金がある人はお金を、お金がない人は時間を寄付すればいい。お金も時間もない人は、実際に活動している人を理解するだけで十分です。それだけで、もうあなたは立派な福祉家です。自分ができる範囲《はんい》で、自然体でやるのが一番です。

それと、福祉に大切なのは、見返りを求めないことです。こんなにやったのに、相手から「ありがとう」のひとつもない、なんてこともあるでしょう。でも、それ

※現在（2025年）は236人

で怒《おこ》るくらいなら、やめたほうがいい。福祉は一方通行でいいんです。相手のことを想って、ただ与えることに徹《てっ》するのみで、見返りを求めたらダメです。

福祉は底なし沼《ぬま》のようなもので、これで充分ということはありません。

その終わりのないものに人生を投じてきましたが、まだまだ足りないと思っています。

「なぜ、そこまで」と言われることもありますが、これも、一生懸命、とことんやらないと気が済まない性分だとしか言いようがありません。

取材・文　金原みはる／写真　関 暁（P83）

Profile

1944年、兵庫県生まれ。'65年に歌手デビュー。'67年に「文五捕物絵図」で脚光を浴び、以後「遠山の金さん」「大江戸捜査網」などの時代劇や舞台を中心に活躍。歌手としては「すきま風」がミリオンセラーとなった。また、長年、福祉活動にも尽力し、現在は、法務省特別矯正監、厚生労働省特別健康対策監、警察庁特別防犯対策監などを務める。2008年に緑綬褒章、'09年に紫綬褒章を受章し、'16年には文化功労者に選ばれた。

うまくいかないときこそ、自分を変えてみよう

野《の》村《むら》克《かつ》也《や》
（野球評論家）

生まれは京都の北部、日本海に面した網野町《あみの》（現在の京丹後市《きょうたんご》）というところです。丹後ちりめんの産地でね。朝から晩までガッタンゴットン、機《はた》を織る音が聞こえていた。

うちはとにかく貧しかった。三歳《さい》のとき、日中戦争で親父《おやじ》が死に、三つ上の兄と私を抱《かか》えて、母は苦労の連続でした。子ども時代を過ごしたのは戦中戦後で、ただでさえ食料のないときです。田舎《いなか》に住んでたって、米粒《こめつぶ》なんか食べられない。母がつくってくれたのは、配給で配られたトウモロコシの粉に、わずかな小麦粉とふく

らし粉を入れて蒸《む》したもの。それが主食でした。

母に楽をさせてあげたい

畑をやりたくても、貧乏《びんぼう》だから土地がない。近くの海へ行き、砂浜《すなはま》にさつま芋《いも》の苗《なえ》を植えました。腐《くさ》らせたわらを砂の中に埋《う》めて、なんとか〝土もどき〟にするんです。強い日差しが当たると苗が枯《か》れちゃうから、学校が始まる前にわらをかぶせに行って、帰りに今度ははずしに行く。

そうやって苦心惨憺《さんたん》しても、できた芋はやっと親指くらいの大きさでした。毎日腹が減っていた。よく生きていたなぁ、と思います。

そのうえ、母が、子宮がんと直腸がんを立て続けに患《わずら》った。

「お母ちゃん、死んじゃうんかなぁ……」「アホ。そんなこと誰《だれ》が言うた!」

兄弟二人、心細く不安な日々を過ごしたこともありました。

そんななか、唯一《ゆいいっ》明るく楽しい気持ちになれたのが、夢を描《えが》くことでした。大人になったら絶対金持ちになってやる! そのためには、歌手がいいか、映画俳優がいいか……。そんなことを真剣《しんけん》に考えた。母に楽をさせてあげたい一心でした。実際は、歌はヘタだし、顔だってこんな鼻ぺちゃだ(笑)。歌手も俳優も無理。そこで描いたのが、プロ野球選手になるという夢でした。

当時、新聞配達をしていたので、スポーツ新聞がタダで読めました。いつも一面を飾《かざ》っていたのは、赤バットの川上哲治《かわかみてつはる》さん（巨人《きょじん》）、青バットの大下弘《おおしたひろし》さん（セネタース・現在の日本ハム）の二大バッターです。

娯楽《ごらく》のない時代ですから、みんな野球に夢中だった。私も彼《かれ》らのようなプロになるんだと、中学で野球部に入りました。

しかし、これには母が大反対でね。「中学を卒業したら、ちりめん屋さんの丁稚奉公《でっちぼうこう》に行きなさい」が口ぐせでした。こんな田舎者の小僧《こぞう》が、プロ野球の選手になんかなれっこないと思ったんでしょうね。十八歳で南海ホークスのテスト生に合格したときは、母もご近所さんもびっくり仰天《ぎょうてん》。大騒《おおさわ》ぎでしたよ。

正しい努力は結果につながる

夢に一歩近づけたのは、逆境の中で、「何が何でも金持ちになってやる」というハングリー精神があったからです。今の若い選手は、ちょっと結果が出ないと「野球だけが人生じゃないさ」と、すぐあきらめる。ですが、私には野球しかなかった。それがよかったんでしょうね。

プロに入ってからは、夜は一日も休まず素振《すぶ》りをするのが日課でした。素質も才能もないのだから、努力するしかない。夜遊びすることもなかったですね。

まあ、私の場合、酒も飲めないし金もない。持っているのは学生服だけで、着ていく服がなかったのも幸いでした。ライバルが出かけていくのを見ると、「よし、そのあいだに出し抜《ぬ》いてやる」とうれしくてね。「行ってらっしゃーい。しっかり飲んでらっしゃーい」と、上機嫌《じょうきげん》で送り出したものです（笑）。

日々コツコツ努力を続けるのは、確かに苦しくつらい。努力には即効性《そっこう》がないから、気持ちがくじけて続かなくなってしまうんですね。しかし、努力をやめることは、イコール自分に負けること。自分に負けて、相手との戦いに勝てるはずがありません。

ただし、ただ努力すれば必ず結果につながるかといえば、そうでもないから難しい。

南海ホークス入団三年目で一軍に上がり、四年目でホームラン王。自信をつかみかけた五年目あたりからだったでしょうか。思うように打率が伸《の》びず、スランプに陥《おちい》りました。そんなとき、悩《なや》む私を見かねて、ある先輩《せんぱい》がこんな言葉をくれました。

「ぶん殴《なぐ》ったほうが忘れても、殴られたほうは忘れていないぞ」

つまり、ヒットを打ったバッターはその打席について忘れても、打たれたピッチャーは苦い記憶《きおく》を忘れない。「よし、次こそやり返す」と策を練っているということです。それまで「なぜ打てなかったのか」と自分ばかりを見ていました。しかし、この言葉でピンときた。そうか、相手の視点に立って考えてみよう、と。

スタッフに頼《たの》んで、相手投手が自分に投げた球種とコースのすべての記録を出してもらいました。そして、それを十二種類あるボールカウント別に分析《ぶんせき》してみた。たとえば、「一ボール二ストライクの場面では、どんな球をどこへ投げてくる確率が高いのか？」といった具合に。

すると、投手のクセや傾向《けいこう》が見えてきた。「ノーストライク二ボールのカウントのときは、インコースの球は一〇〇％来ない」といったことまでわかるのだから驚《おどろ》きました。

傾向がわかれば、攻《せ》め方も変わる。これが後に名付けられた「野村ＩＤ野球」のはじまりでした。要するに、ただ「がんばれ、がんばれ」の精神論の努力から、データを踏《ふ》まえた努力へと、努力の方向を変えたということ。

才能には限界があっても、頭脳には限界がないということがわかり、野球がぜん楽しくなりました。

進歩とは変わることである

みなさんも、スランプや努力が実らないといった焦《あせ》りを体験することがあるでしょう。そんなときは、まず考え方を変えてみてはどうでしょう。

南海ホークスに、かつて門田博光《かどたひろみつ》という左バッターがいました。とにかくホームランにこだわって、やたらバットをぶんぶん振り回す。

そのとき兼任監督《けんにんかんとく》だった私は、それをやめさせたくてね。「ヒットの延長《えんちょう》がホームランなんだ」と言い聞かせた。大事なのはヒットで得点を重ねること。「ヒットを狙《ねら》って打てば、甘《あま》い球ならホームランになるのだから」と。

ところが、門田も頑固《がんこ》で「ヒットはホームランの打ち損《そこ》ねだ」なんて言う。たまたま王貞治《おうさだはる》選手がいたので、門田の前でわざと訊《き》いたんですよ。「ワンちゃん（王選手の愛称《あいしょう》）は、いつもホームランを狙ってるの？」と。するど「とんでもない。狙って打てるもんじゃありませんよ」と彼。最初は聞く耳を持たなかった門田も、さすがに何かを感じたのでしょう。その後はバッティングスタイルを変えて、結果を出せるようになりました。

考え方が変われば、行動が変わる。行動が変われば、人生が変わるんです。スポーツでも仕事でも、「あいつ、よくなったな」と人が評価するときは「変わったな」ということ。進歩とは変化のことなんですね。

これまでのやり方を変えるのは恐《こわ》いかもしれない。しかし、うまくいかないときこそ、自分を変えてみてほしい。それが、人生を楽しくする秘訣《ひけつ》ではないかと思っています。

Profile

1935年、京都府生まれ。'54年にテスト生として南海ホークス入団。'65年に戦後初の三冠王に輝く。'70年より選手兼監督に。ロッテ、西武と移り、'80年のシーズンを最後に引退。'90年よりヤクルト監督。3度の日本一に導いた。その後、阪神、社会人シダックス、楽天で監督を歴任。2020年2月、逝去（享年84）。

取材・文　金原みはる／写真　御厨慎一郎

人は死んでも終わりではない

柳田邦男《やなぎだくにお》
（ノンフィクション作家）

栃木県の鹿沼《かぬま》という、のどかな町で生まれ育ちました。しかし、そんな田舎町でも、軍需工場があったため、戦争では空襲を受けました。

あれは、終戦の年の七月のことです。夜中に空襲警報が鳴って間もなく、爆音とともに、B29の大編隊がやってきました。慌《あわ》てて庭の防空壕《ぼうくうごう》に逃げ込みました。首だけ出して空を見上げると、低く垂れ込めた雨雲を突き破り、焼夷弾《しょういだん》が一斉に落ちてくるのが見えました。それは、まるで満天を覆《おお》う無数の大輪の花火が降ってくるようでした。

当時、結核を患っていた父は「俺は、もう死んでもいい」と家の奥の間で床についたままでした。空からは、真っ赤な火の玉がバラバラと降り注ぐ……。ああ、これで万事終わりかと思いましたが、焼夷弾は放物線を描いて軍需工場周辺に落ちていきました。

自分の思想は、自分で編み出していく

工場とかなりの住宅が焼かれましたが、我が家はみんな無事でした。ただ、そのやや前に、近所の女性が米軍戦闘機の機《き》銃《じゅう》掃射《そうしゃ》で亡くなりました。即死です。戦争というものは、無差別に人を殺していくもの。その恐ろしさを、嫌というほど思い知りました。

ほどなく終戦となり、翌年の七月。すっかり弱っていた父が死に、その半年前の二月には、六人兄弟の上から二番目の兄も、やはり結核で亡くなりました。次

兄は十九歳でした。戦争と結核。当時、日本人の二大死因とされた二つの理不尽が、私の家族のなかでも起こったのです。私が小学三年生から四年生にかけての出来事でした。

後にノンフィクション作家として、病気や災害、不慮の事故など、生死の問題を追いかけるようになったのは、幼い頃のこうした体験が原点ではないかと思います。

それから、もう一つ。子ども時代の読書体験も、私の精神的な素地《そじ》となりました。

兄が死に、父が死に、残された母と兄弟五人の暮らしは貧乏のどん底でした。そんななか、母の袋貼りの内職を手伝って、わずかな小遣いをもらっていた私は、月に一度はそのお金を握りしめ、バスで宇都宮《うつのみや》まで出かけていきました。焼け跡に立つバラック建ての本屋で、本を探すのが大好きだったのです。

『フランダースの犬』『家なき子』『あゝ無情』のような児童文学を何度も読んだのは、小学四年生から六年生にかけてでした。本のなかに出てくる貧しい人や虐《しいた》げられた人の姿を自分に重ね、幼いながら世の中の矛盾を感じたこともありました。

そんな小さな疑問が、いつしか社会に対する問題意識へとつながっていったのかもしれません。特に、高校時代は、仲が良かった友人四人で毎晩のように集まっては、「世の中、ここがおかしい」「社会を変えるには、どうすればいいか」などと語り合ったものです。

大学に入ると、ちょうど学生運動の全盛期。社会改革を唱える若者がたくさんいました。ですが、彼《かれ》らのようにイデオロギーによってセクトを組むようなやり方は、私にはどうも馴染《なじ》まなかった。

貧乏で子どもの頃から親に頼らず、自分で学費を稼ぎ、独立独歩でやってきたからでしょう。「自分の思想は、自分で編み出していくんだ」という思いが強かったんですね。もの書きになってからも、「真実は、直接現場へ行き、自分の目で見、自分の耳で人の肉声を聞かなければわからない」が信条でした。

人間には、「回復する力」が備わっている

事件や事故で子どもを亡くされた方、病気で連れ合いに先立たれた方、災害で家族を奪われた方……。長い作家生活のなかで、いろいろな方々とおつきあいをさせていただきました。人生は、時に残酷です。けれど、そうした喪失体験を持つ方の話を聞いてわかってきたのは、人間には「レジリエンス」といって、何らかのきっ

かけや方法で苦境から立ち直り、回復していく力が備わっているということでした。

それは私自身の体験からもいえると思います。私が五十七歳のとき、心を病んでいた二十五歳だった息子が自ら命をたちました。深い悲しみと精神的な混乱。父親として、息子に何もしてやれなかった自責の念。自分の人生のすべてを否定されたような苦しみで、私はしばらく茫然《ぼうぜん》としたまま、何もかも投げ出したい気分でした。

当然、今も心に傷は残っています。しかし、こうしてなんとか生き直すことができている理由の一つは、母の影響だったかもしれません。

父が死んだとき、母はま

だ四十一歳でした。十九歳の次男の死を悼《いた》む間もなく夫まで亡くし、五人の子どもを抱えて、さぞ不安だったでしょう。

けれども、母は、落ちこむこともなく、悲しみも辛《つら》さも口に出さなかった。「仕方なかんべさ」「なんとかなるべさ」。それが母の口癖で、淡々と畑で野菜を育てて食糧難に耐え、内職をし、日々を穏やかに過ごしたのです。そんな母の生き方に、私の性格も影響を受けたのでしょうか。

辛いとき、苦しいとき、母の口癖を思い出して自分を律したというわけではありません。ただ、苦境に立たされたときのそうした母の生き方が、無意識のうちに私の心の奥深くに刻印されていた気がします。少しずつ自然に、母と同じような心の持ち方となり、それが私自身のレジリエンスにつながったのではないかと思うのです。

ただ、これは私の場合であって、レジリエンスがどう引き出されるかは、一人ひとりみんな違います。たとえば、こんな例もあります。私が取材を通して知った神戸市の山下京子《やましたきょうこ》さんという方の場合です。彼女《かのじょ》は、一九九七年に起きた神戸の連続児童殺傷事件で、第一の被害者となった女の子のお母さんでした。

女の子は、当時小学四年生。彩花《あやか》ちゃんという名前でした。「酒鬼薔薇《さかきばら》事件」とも呼ばれたこの事件の残忍さは、みなさんも覚えていらっしゃる通りです。我が子を殺害された京子さんは、ショックのあまり、何カ月も外に出られない状態でした。

それが、半年ほど経った、ある日のことでした。自治体の集まりがあったので、やっとの思いで、事件後はじめて参加したそうです。帰り道、ふと空を見上げると、まん丸のお月さまが浮かんでいた。すると京子さんには、それが彩花ちゃんの笑顔に見えました。そして、はっきりとこんな声を聞いたのです。

「おかあさん、そんなに悲しまないで。私は天国で楽しく過ごしているから」

京子さんは、それをきっかけに少しずつ立ち直っていきました。本当に不思議なことですが、こうしたスピリチュアルな体験が、その人の回復力を呼び覚ますことがあるのです。「これをすれば、こうなる」という論理的な因果関係では説明できないことが、人間の心の世界では起こるのですね。

最後の最後まで、できる限りのことをやろう

また、社会全体が、事件や災害、事故、人権侵害などの犠牲となった人やご家族に対して寄りそう姿勢を持つことも大切です。そうした被害者が窮状《きゅうじょう》を訴えても、

行政や企業が「法令では、それはできません」などと冷たい対応をする例が多い。

しかし、それが一人称の立場、つまり自分自身の身に起こったときや、「あなた」と二人称で呼び合う家族や親友のことだったらどうでしょう。誰《だれ》もが「なんとかできないものだろうか」と心を砕《くだ》くでしょう。

規則や法律など、三人称の冷静で客観的な視点も、もちろん大切です。でも、同じ人間同士、役所の人や企業人に、三人称と一～二人称の両方を視野に入れた「二・五人称の視点」が、これからは必要です。「もしこれが自分のことだったら……」「家族が同じ状況だったら……」と想像してみる。そうすれば、もっと共感し合える社会になるのではないかと思います。

人生は時に厳しく、試練が訪れます。しかし、だからこそいのちの精神性は磨かれ、他者に対する慈愛が生まれます。確かに、歳《とし》をとれば肉体は衰えますが、様々な経験をしたぶんだけ、精神はむしろ成熟し、輝きを増していくと思うのです。

「人間、死んだら終わり」といわれますが、私はそうは思わない。なぜなら、人の精神性のいのちを映す最後の生き方や言葉は、遺された人の心に生き続け、その人生をふくらませていくからです。このことを私は「死後生《しごせい》」と呼んでいます。

私の母の「なんとかなるべさ」の生き方が、私を苦難から再生させてくれたように、「死後生」は人の道しるべになるのです。そう考えると、死は決して恐れるものではありません。

私も六月※で八十三歳になりました。自分はいったい次の世代に何を遺せるのか。最後の最後まで、できる限りのことをやろうと思う。今を懸命に生き切ろうと思う。自分の生き方が、どこかで誰かのお役にたてるかもしれませんから。

Profile

1936年、栃木県生まれ。'60年、東京大学経済学部卒業後、NHKに入局。放送記者として事故や災害の現場を多数取材したことが根幹となり、退職後はノンフィクション作家として執筆活動に専念。'72年『マッハの恐怖』で大宅壮一ノンフィクション賞、'79年『ガン回廊の朝』で講談社ノンフィクション賞、'95年『犠牲（サクリファイス）わが息子・脳死の11日』で菊池寛賞など受賞多数。

※2019年当時

取材・文　金原みはる／写真　遠藤宏

第三章

笑いが運を引き寄せる

大村 崑（喜劇俳優）
伊東四朗（喜劇役者）
林家木久扇（落語家）
毒蝮三太夫（俳優、タレント）

百歳まで元気ハツラツ！

大村《おおむら》 崑《こん》
（喜劇俳優）

小さいころの悲しい記憶が、喜劇俳優人生の原点

昔から、「笑いと泣きは、背中合わせにある」と言います。チャップリンなどの喜劇俳優は、仕事でも家庭でも苦労した人が多い。喜劇俳優として成功する人に人生のどん底をなめた経験のある人が多いのは、「自分のようなつらい思いを人にはしてほしくない。笑っていてほしい」という気持ちが自《おの》ずと湧《わ》いてくるからだと思います。

実は、僕も小さい頃は、さびしい思いをたくさんしました。

生まれた家は神戸《こうべ》の下町、新開地《しんかいち》にありました。父親は電器屋と写真館を経営していて、母親はその電器屋を手伝っていたんです。経済的には、そこそこ豊かでした。

芝居好きな父親は、僕を幼稚園に迎えにきて、そのまま肩車をして芝居小屋に向かうんです。当時の新開地には芝居小屋がたくさんあって、父親はタニマチのような存在でした。楽屋に僕を置いて、かわいい女の子がいたら声をかけてごちそうする(笑)。

そのあいだ、僕は楽屋で遊んでいるわけです。「かわいい、かわいい」と役者のみなさんが遊んでくださり、あるときから白粉《おしろい》をつけて舞台に出るようになりました。生まれて初めての台詞《せりふ》は今でも覚えています。

「かかさんの名ぁは、おゆみと申します〜」

すると、「おゆみと申すか！」と母親役の役者さんが言うわけです。涙なみだの親子の対面の場面です。とたんに、おひねりやお菓子が舞台めがけて飛んでくる。うれしかったですね。幼稚園に行くより、芝居小屋にいるほうがずっと楽しかった。

家に帰るとき、父親から「銭湯に行ってきたと言え！」と言われます。母親にはそう伝えるのですが、服を脱ぐとポケットからおひねりやお菓子がどんどん出てくる(笑)。母親は怒り出し、夫婦喧嘩《げんか》が始まります。

そんな夜は、いつもは夫婦並んで寝ているのに、並べている布団を離して、そのあいだに僕が寝ます。ところが、朝になると母親の布団に父親も一緒に寝ている。「お父さん、どうしたん？」と聞くと、「お母さんがお腹《なか》痛いと言うから、お腹をさすってあげてたんや」と言うわけです。結局、仲がよかったんですね。

しかし、ある日を境に、僕ら家族の人生は一変します。忘れもしません、昭和十五年の十二月二十五日、クリスマス当日に体調を崩した父親は、「すぐ帰ってくるからな」と言い残して、病院に向かいました。寒空の下、パジャマの上にねんねこを着てね。

入院後に腸チフスの感染がわかりました。電気工事の仕事で出張した際に感染したようです。すぐに保健所の人たちが来て、そこらじゅうを消毒し、家の中も外も真っ白な粉だらけ。近所の子は「腸チフスの子！」と言って、近づいてもきませんでした。

年が明けた元日、父親が亡くなったと知らせがきました。わずか一週間の出来事でした。母親はショックのあまり腰を抜かして動けず、後に継母《ままはは》となる叔母に連れられて病院へ向かいました。大柄だった父親が、ガリガリで骸骨《がいこつ》みたいになっていました。「お父さんじゃない！　違う！」と泣きながら家に帰ったのを覚えています。

今※の新型コロナウイルスと同じで、葬式もさせてもらえないまま、親族の会議で長男の僕は子供がいない叔父夫婦の家に、妹や弟たちも親戚の家にバラバラに引き取られることが決められました。母親は籍を抜かれ、まだ赤ん坊だった下の妹とともに家を出されました。一家離散です。悲しかったけれど、どうすることもできなかった。この経験が、僕の喜劇俳優人生の原点になったと思っています。

「四十までは生きられないだろう」と言われていた

「少々のことは大丈夫」「心配するな」「なんとかなるやろ」

この三つの言葉で自分を励ましながらやってきました。長年、「元気ハツラツ！」のオロナミンCのCMキャラクターをやらせてもらっていたせいか、健康に恵まれて元気にやってきたように思われるかもしれません。でも実際は、医師に「四十までは生きられないだろう」と言われていたんです。

※以下、2021年当時

十九歳で肺結核になって、片方の肺をとったので極端に体力がありませんでした。当時、結核は恐ろしい病で、一年一カ月間も隔離されました。最初、同じ施設に僕と同じような病人が二十四人いたんですが、毎月誰《だれ》かが亡くなっていく。「次は君だ」なんて冗談を言い合っていました。幸い、アメリカから治療薬が入ってきて、助かりました。

小学一年生のときには、目にボールがあたったせいで左目が弱視になりました。左耳は、継母に反抗して毎日殴られ続けたせいで難聴です。今でも、左目はほとんど見えないし、左耳もほとんど聞こえない。片肺はないし、目も耳も悪いということで、あるとき医師に「障害者手帳を申請しなさい」と言われたほどです。「元気ハツラツ！」どころではなかったんですね。収録の合間は、セットの片隅で横になっていました。

そんな僕が二十代で結婚、二人の息子にも恵まれて、九十歳になろうかという今も元気に仕事をしています。人生って本当に不思議ですね。「四十まで生きられない」と言われてからは、健康管理には人一倍、気をつけてきました。

まずは睡眠。若いときから、七～八時間は必ず寝ています。どんなに大切な打ち上げでも、まず頭の中で睡眠時間を計算するんです。「あ、睡眠が足りなくなる！」

と思ったら、トイレに行くふりをして帰ってしまう(笑)。
若い頃は先輩にずいぶん怒られましたけれど、しまいには「ドロンの崑」とあだ名がついて、何も言われなくなりました。つきあいが悪いから、酒飲みと賭けごとをする友達はいません。今思えば、それが健康によかったのだと思います。
それから食事は、若い頃からずっと一日二食、朝昼兼用のブランチと夕食です。食事は「まごわやさしい」(孫はやさしい)、つまり「まめ、ごま、わかめ、やさい、さかな、しいたけ、いも」を意識して食べてきました。今でも、家でのおやつは芋です。どれもよく噛《か》んで食べる。おかげで、今もすべて自分の歯で食べられています。
こうやって人並み以上に健康に気をつけながら生きてきました。無理をせず、自分の身体と対話しながら、ぼちぼちやってきたからこそ、今も元気でいられるのかもしれません。

八十六歳で筋トレに夢中になる

八十六歳になってからは妻と一緒にジムに通

って、週二回みっちり筋トレをしています。だから、今がこれまでの人生でいちばん健康なくらいです。

ジムに通うようになったきっかけは妻でした。先ほど健康には気をつけてきたとお話ししましたが、歳《とし》をとるにつれて、お腹だけがぽっこり出るようになったんです。身体は細身なのにウエストが九十二もあって、ウエストに合わせてズボンを選ぶと、ほかがぶかぶかで変な格好になってしまう。あるとき、妻にこう言われました。

「お腹をへこまさないと、服を選んであげられない」

もともと運動好きの妻は、自宅の近くにジムがあることを調べてきました。僕は乗り気ではなかったんですが、妻と一緒に説明を聞きにいったんです。

でも、そこから一気に夢中になってしまいました（笑）。ジムの帰りは、駅の階段をあがれないほど筋肉痛になるのですが、数日すれば回復する。これが気持ちいい！　「歳をとっても筋肉は鍛えられる」なんて嘘《うそ》だと思っていましたが、本当なんですね。

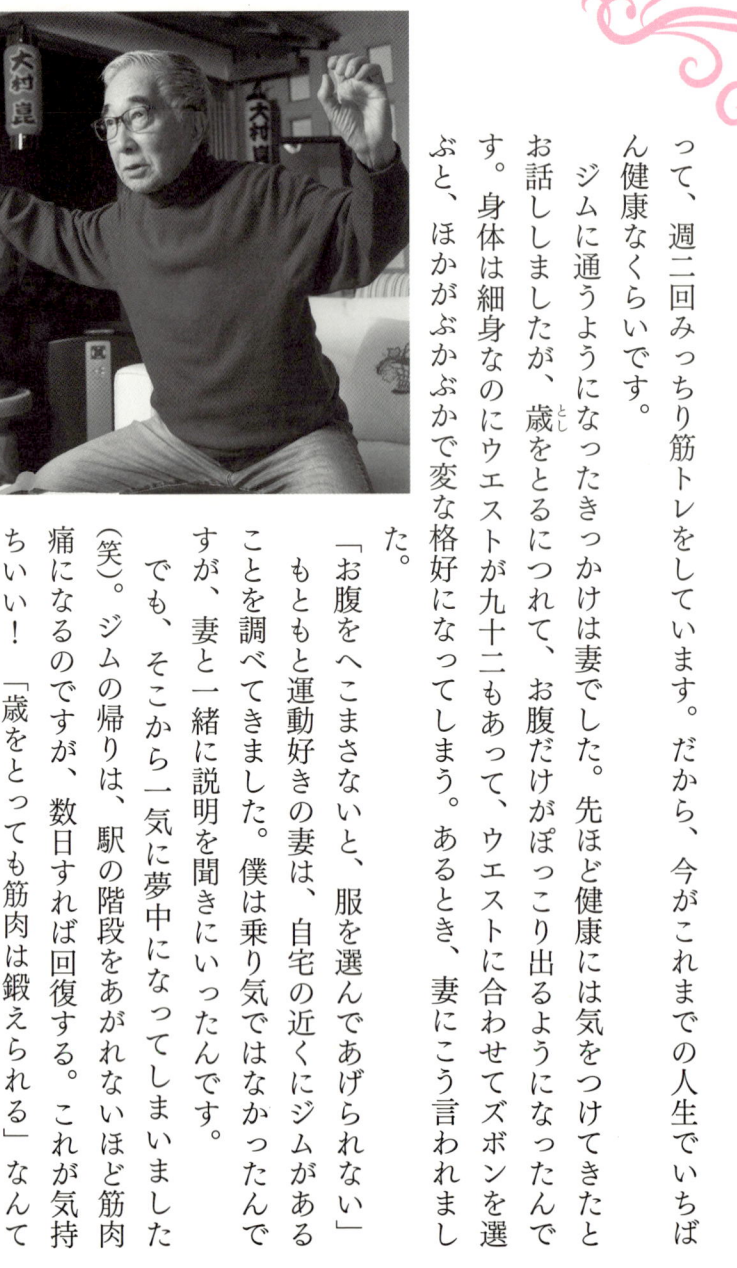

おかげで、三カ月ほどで効果を実感しはじめ、顔がほっそりしてきました。トレーナーに「顔は商売道具だから、やせすぎるのは困る」と言ったくらい。「顔と身体はつながっているから無理です」と言われましたけどね(笑)。九十二あったウエストも今は八十を切っています。昔から、一日にあったことをいろいろメモする癖が僕にはあるんですが、この筋トレでも体重から胸囲、腹囲などを毎日はかって記録しています。自分の変化が目に見えてわかるので、ますますおもしろくなるんです。

まさか九十歳を前にして筋トレに夢中になるとは思ってもいませんでした。人生、いつ転機がやってくるかわかりません。何事も歳のせいにして、あきらめてはいけない。「崑ちゃん」と街で声をかけてもらえるのも、僕が元気だから。筋トレでますます身体を鍛えて、百歳まで元気でがんばりますよ。

Profile

1931年、兵庫県生まれ。キャバレーのボーイ、司会業などを経て、喜劇俳優になる。テレビ番組「やりくりアパート」「番頭はんと丁稚どん」「とんま天狗」などに出演。「オロナミンC」のCMキャラクターなどで一世を風靡し、「崑ちゃん」の愛称で幅広い世代に親しまれる。2017年、旭日小綬章を受章。著書に『崑ちゃん90歳 今が一番、健康です！』(青春出版社) などがある。

取材・文　社納葉子／写真　大島拓也

目標を立てず、完壁を目指さない

伊《い》東《とう》四《し》朗《ろう》
（喜劇役者）

私も年齢を重ねてきて、目は見えにくくなる、耳は遠くなる、頭は悪くなる、膝は痛い……。もう、悪いところばかりです。

でも、考えてみれば、戦後は食べ物もろくに食べられなかったし、芸能界に入ったばかりの頃は、お金がなくて苦労ばかりでした。今は、ご飯がちゃんと食べられて、何とか仕事もある。どこに文句があるのかと思いますね。

物事の悪いほうばかり見る人がいますが、それは間違いだと思います。悪いことが起きたと思っても、いいことの始まりかもしれません。悲観することなど何もないんです。

たとえば、私のこの「顔」。こんな怖い顔に生まれたせいで、就職の採用試験は全滅でした。コネで紹介してもらった会社でさえ面接を受けたら落ちてしまったのですから、いったいどれだけ人相《にんそう》が悪かったんだか。おやじとおふくろをちょっぴり恨んだこともありましたよ。でも、この顔のおかげで、芸能界ではみんなに覚えてもらえました。むしろこの顔でよかったんです。

もともと私は芝居が好きで、アルバイトで雇ってもらった生協の仕事の合間を見ては、観劇に行っていました。とくに足しげく通ったのは、新宿フランス座の軽演劇です。あんまり私が通ってくるものだから、フランス座の座長だった石井均《いしいきん》さんが声をかけてくれました。それが、この世界に入るきっかけです。こんな顔じゃなければ、もしかしたらそこまで印象に残らなかったかもしれない。だから、この顔に感謝なんです。

人との出会いもそうです。いい人だけじゃなくて嫌な人もいる。でも、全部が得する出会いだと思っていれば間違いない。

たとえば、石井さんがつくった劇団に入ったばかりの頃、私に意地悪をする先輩がいたんです。舞台の上で、私がせりふを言っても返さない。観客からすれば、若い私がトチったとしか見えないわけです。何とかその場をとりつくろわなきゃいけない。必死でアドリブを言ってごまかしました。そのおかげで、とっさの対応力が身についたのですから、どんな人と会っても、損することはない。得することばかりと思ったほうがいい。

誠意を尽くし、流れにまかせる

芸能界では、流れにまかせて生きてきました。自分からガツガツ仕事を取りにいくほうではありません。ステージのフィナーレでも、すぐうしろのほうに行っちゃう。プロデューサーから「遠慮してちゃダメですよ。人をかき分けてでも前に出るぐらいじゃないと」と言われたものです。

でも、私はそういうタイプにはなれませんでした。そのかわり、来る仕事はどんなものでも拒《こば》まず、誠心誠意、全力でやることにしていたのです。誠意こそが私の生命線だと思っていましたから。

三波伸介《みなみしんすけ》、戸塚睦夫《とつかむつお》とお笑いグループ「てんぷくトリオ」をやっていた頃、昭和四十三年の元旦の新聞で、映画監督の市川崑《いちかわこん》さんが、私をほめてくれたことがありました。「名前は知らないが、てんぷくトリオの一番若くて一番やせている男がお

もしろい」。これはうれしかったですね。

　また、ちょうどバラエティー番組で、ベンジャミン伊東というキャラクターに扮《ふん》して「電線音頭」を踊っていた頃、シリアスなドラマへの出演の依頼がありました。ふざけたお笑いをやっている身ですから、自分でいいのかと恐る恐る尋ねると、

「それがどうかしましたか、話を続けますよ」

　さらりと言うプロデューサーの言葉に心が震えました。役者としての仕事が広がっていったのはそれからです。

　どんな仕事でも必ず誰《だれ》かが見ていてくれて、引っ張り上げてくれる。そう思いました。それ以来、受け身でいながらも、来た仕事は絶対に手を抜かない。そういう信条で生きてきました。

もっとも、そのために努力していることはあります。この仕事はセリフを覚えるのが一番肝心《かんじん》。ですから脳トレは欠かさずやっています。

記憶力を鍛えるために、円周率は千桁まで言えるようにしていますし、アメリカの州だって、五十州全部言える。飛行機に長時間乗ったときに、百人一首をすべて覚えたこともありましたね。

脳は使っていないとどんどん衰えるので、今も毎日、電車に乗っているときや時間があいたとき、夜寝る前など、記憶したことをいろいろ思い出して反復しています。はたから見たら、一人でブツブツつぶやいているアブナイジジイでしょうけど。

芝居には足腰も重要ですから、運動もします。以前はテニスをやっていましたが、膝を痛めてからは、もっぱらウォーキングです。一日に八千歩くらい、近所を散歩しています。

ときには知らない道を行ってみたりしますが、そうすると迷ってしまって、全然家に戻れない。歳《とし》が歳なので、「いよいよ徘徊《はいかい》が始まったか」と思われないように気をつけています（笑）。

徘徊で思い出しましたが、雨降りの日には、外の散歩ではなく、家の中を歩き回っています。するとたまたま家に来た息子が、ふらふら歩いている私を見て、「母さん、大変だ。父さんの徘徊が始まった」と慌《あわ》てたそうです。あとで聞いて大笑いです。

何が起きても損はない

脳トレもウォーキングも仕事のために始めたことですが、私にとっては義務ではなく、毎日の楽しみなんです。楽しみにすることができたのは、目標を立てなかったことと、完璧を目指さなかったからかもしれません。

「今日はこれをここまで覚えなくちゃいけない」とか「今日は何千歩を達成しよう」などとストイックに目標を立てると、できなかったとき嫌になってしまう。好きなところまで、好きなように、マイペースでやっていれば、プレッシャーになりません。

覚えていることをポロポロ忘れたり、完璧にできなくても気にしません。「あれ？　アメリカの州が四十九しかないぞ。何が抜けてるんだろう？」とか、「八重《やえ》むぐら茂《しげ》れる宿の……あれ、そのあとはなんだっけ？」と考えるのが楽しいのです。

※今は日本の古い国の名前、六十八カ国を覚えている最中です。なかなか覚えられませんが、生涯かかってもいい、と思いながらのんびりやっています。

そんなふうに、いつも何かを思い出したり、そこいらを歩き回ったりしているので、休みがとれて一日家にいてもまったく退屈しません。
気がつくと、あっという間に日が暮れています。ぼうっとしているときでさえ、楽しい。何をしても、しなくても、何ができても、できなくても、全部おもしろいのです。

何が起きても損はないと思って、流れにまかせて生きる。でも、やるべきことは誠心誠意、力を抜かずにやる。

そして仕事のための努力は、義務ではなく、楽しみに変える。それが毎日を不平不満なく、幸せに生きるコツではないでしょうか。

Profile

1937年、東京生まれ。'62年、三波伸介、戸塚睦夫と「てんぷくトリオ」を結成。'65年、テレビ番組「九ちゃん！」のレギュラーに抜擢され、お茶の間で人気を博す。その後、「電線音頭」の「ベンジャミン伊東」や「小松の親分さん」で大ブレイク。現在、舞台・テレビ・映画・CM・ラジオと多方面で活躍する。

※2019年当時

取材・文　辻 由美子／写真　片桐 圭

笑いが運を引き寄せる

林家木久扇《はやしやきくおう》
（落語家）

僕の人生は、「生きてるだけでトクをしている人生」なんです。命があるだけでありがたい。そのつもりで今日まで生きてきました。

生まれは、東京・日本橋。雑貨商のせがれだったんですが、小学一年生のとき、東京大空襲にあいます。毎晩、アメリカ軍の爆撃機が飛んできてね。爆弾が落とされるたびに、すごい音と地響きがして、火の手があがる。あたりが昼間みたいに明るくなるんです。そのたびに祖母の手を引いて、小学校の地下の防空壕《ぼうくうごう》へ逃げ込むんですが、もう本当に怖かった。あのとき死んでいても、まったく不思議ではありませんでした。

だから僕の人生は、あの空襲でひと幕終わっているんです。その後の人生は余生。今まで命が続いて生きてこられただけで奇跡だし、トクしたな！　と思っています。そう思うと、胃がんや喉頭《こうとう》がんをわずらったり、腸閉塞《ちょうへいそく》で死にそうになっても、それほどあわてなかった。東京大空襲のあの恐怖に比べたら、何でもない。

戦後、僕の家は商売のツテを失って貧乏になりました。おまけに、僕が小学四年生のときに両親が離婚しちゃって。僕は長男でしたから、〝小さいお父さん〟として、働きながら母を支えました。新聞配達をしたり、映画館でアイスキャンディーを売ったりしてね。

はたから見たら、かわいそうな子どもだったかもしれません。でも、僕自身は、まったく深刻ではありませんでした。

忘れもしない、小学六年生の遠足のときのことです。お昼にクラスのみんなはお弁当を広げて、厚焼き卵とか焼いたシャケとか、おかずの交換会をやっていました。だけど、うちは貧乏だから、ご飯に梅干し一個だけ。交換するおかずもないので、みんなと少し離れたところで一人ポツンとお弁当を食べていました。

何かおもしろいことはないかなぁ、と周りを見渡してみると、あちこちにガラスの空き瓶が捨てられているのを見つけたんです。

「これをきれいに洗って酒屋に持っていったら売れるんじゃないか」

「廃品回収だ！」と思って、昼ごはんもそこそこに、瓶を集めて回りました。酒屋で売ったら三百円にもなって！　母に渡したら「お兄ちゃんは頭がいいね」と喜んでくれました。

そういうことも、いじけて縮んだ心でいたんじゃ思いつかなかったと思います。前向きな心持ちでいたから、「いいこと」を見つけられたんですね。

「あなたは私の命の恩人です」

高校を卒業してからは乳業会社に勤めましたが、「おまえには絵の才能がある。それを活かしたほうがいい」と親友に言われ、漫画家の清《し》水《みず》崑《こん》先生の弟子になりました。

そこで四年ばかりお手伝いして、雑誌に漫画も描けるようになった頃、先生から急にこう言われたんです。

「おまえはものまねが上手だから、落語家もやったらいいんじゃないか。紹介状を書いてやるから、ちょっと行ってみな」

僕が漫画の吹き出しを書くときに、声を出しながら、キャラクターの声色《こわいろ》をまねていたのが、おもしろかったらしいんですよ。

先生がそう言うなら、ちょっと行ってみ

るかと、桂三木助《かつらみきすけ》師匠のところに行き、その流れで入門しました。それが二十三歳のときのことです。「ちょっと」のつもりが六十年になってしまいました。

こう考えると、流されてばかりの人生なんですよね（笑）。流れが来たら、ヒョイッと乗っかってみる。まずは楽天的に考えて行動することが、「いいこと」を引き寄せるきっかけになっていたように思います。実際、落語家になって本当によかったです。

あれはまだ林家木久蔵《きくぞう》時代、古今亭志ん朝《ここんていしちょう》師匠の告別式の帰りでした。丸ノ内線に乗っていたら、初老の男性が近づいてきて、僕に言うんですね。

「木久蔵さんですよね。私、あなたに助けられたんです」

「は？」と聞き返してみると、その人は美術商で、バブルがはじけて絵は売れない、妻は亡くなるで、死のうと思ったそうなんです。

けれど、自殺しようと車を走らせていたら、ラジオから僕の落語が流れてきた。それがおかしくて、おかしくて、あまりにおかしいので、路肩に車をとめて笑っていたらしい。そのうちに、何だか自殺するのがバカバカしくなって、やめたそうなんです。

「だから木久蔵さんは私の命の恩人です」

そう目を潤《うる》ませて話してくださるものだから、僕もジーンときちゃいました。

笑いは人を救います。つらいことがあっても、まずアハハと笑ってみる。すると心が軽くなるし、楽しいことがたくさんやってくると思います。笑いって、いい運を呼ぶんですよ。

どんな出来事もお茶目な気持ちで受け止める

このあいだも友人の有名な歌手が、もの忘れするので、病院に行ったんです。専門医から「ご職業は？」と訊《き》かれて、「歌手です」と答えたら、「だいぶ認知症が進んでいますね」と薬を処方されたんですって（笑）。

そんな出来事も、受け取り方によっては、「失礼な！」と腹が立ったり、不安になったりします。でも、お茶目な気持ちで受け止めれば、笑いのタネにできますよね。

どうしても笑いのタネが見つからなければ、自分でつくっちゃえばいい。

三木助師匠なんて、がんで体調が悪くなってから、「俺が死ぬとこ見せるから、世話になった人を集めてお別れをする」とか言って実行しちゃいましたから（笑）。僕もみんなを笑わせて大往生してやろうと思っています。

※コロナで三月からずっと高座ができない状態が続いています。今年は落語家になって六十周年なので、いろいろなイベントを予定していたのですが、それもすべて延期に。落語家は高座が命ですから、つらいですね。

でも、こんな状況だからこそ、笑いが必要だと思い、YouTubeで「KIKU KIN TV」というチャンネルを始めました。弟子とのクイズ対決や即興ダジャレ、いろいろな企画に挑戦しています。傑作だと言われた問答は、「転んでないのにコロナとはこれいかに、感染していないのに新幹線というが如《ごと》し」。うまいでしょ。

たくさん笑うことは「いいこと」を起こす何よりの秘訣《ひけつ》だと僕は思っています。

Profile

1937年、東京生まれ。'60年、三代目桂三木助に入門。翌年、三木助没後に八代目林家正蔵門下へ移り、林家木久蔵となる。'69年から「笑点」（日本テレビ系）のレギュラーメンバーに。2007年、林家木久扇を襲名。著書に『バカのすすめ』（ダイヤモンド社）などがある。

取材・文　辻 由美子／写真　杉山拓也（文藝春秋）

※2020年当時

自分から笑いをつくろう！

毒蝮三太夫《どくまむしさんだゆう》
（俳優、タレント）

私の父と母は、ともに明治生まれ。明治、大正、昭和を生き抜《いぬ》いてきました。あの時代の人たちはすごいですね。とんでもない災害や戦争をくぐり抜けてきたんですから。

大正の初めには、東京と千葉のかなりの場所が水没《すいぼつ》する大災害があったらしいんです。東京湾《わん》を台風が直撃《ちょくげき》して、津波《つなみ》みたいな高潮が押《お》し寄《よ》せたと聞きました。

そのあと関東大震災《だいしんさい》があって、昭和に入れば今度は戦争。私の兄貴は二人とも、戦争にとられました。

その頃には私も生まれていたので、火の中を母と必死に逃《に》げたのを覚えています。東京の街は空襲《くうしゅう》で焼け野原になりました。

両親の世代は、三十年ほどの間で立て続けに、そんな苦難を体験したわけです。

まったく笑うどころではない環境《かんきょう》だったのに、思い出すと、うちにはいつも笑いがあふれていました。父と母が楽しく生きている姿しか思い出せないのです。

笑えるネタは、そこら中にある

たとえば、母が父に「布団《ふとん》を敷《し》きましょうね」と言う。すると、父はすかさず「うちに布団なんかあるもんか。布団とは絹のふかふかなお上品なしろものをいうんだよ。うちにあるのはカミナリ布団だ」と返す。

どういう意味だかわかりますか？　うちみたいな貧乏人《びんぼうにん》の家は、布団にまともに綿が入っていない。綿が布団の中で、あっちにゴロゴロ、こっちにゴロゴロ。だからカミナリ布団だと。うまいことを言うもんですね。

こんなこともありました。あるお正月に、誰《だれ》かが父に年齢《ねんれい》を訊《き》いたんです。すると父はとぼけて、こう言うんです。

「毎年変わるから、覚えてられるか！」

父は大工でしたが、親方やお客さんに冗談《じょうだん》を言うと、美味《おい》しいものをごちそうしてもらえることがあったそうです。鰻《うなぎ》や天ぷらが食べたい一心で、毎日人を笑わせるネタを探していたんじゃないかと思います。

母も、おもしろい人でした。子どもが心配だからと学校の遠足にのこのこついてきて、平気で私たちと一緒《いっしょ》に記念写真におさまっていたことがありました。

人前では父のことを「ゴリおやじ」なんて呼んでね。ゴリラに似ていたからでしょうが、そういえば、父のほうも、母のことを「たぬきババア」と呼んでいました。夫婦《ふうふ》げんかもしょっちゅうでしたが、楽しい夫婦でしたよ。

あの時代、貧しくて大変だったのに、乗りこえられたのは、家族がたくさん笑っていたからじゃないかと思います。
それから七十五年※。日本は戦争が終わってから、ずっと平和な時代が続いていま
す。私たちはもっと笑って暮らせるのに、昔より全然笑っていません。自殺者は増
え、残虐《ざんぎゃく》な事件も増え、おまけにコロナで閉店や失業も続いて、どんどん笑わなく
なっている。
「今はコロナ禍《か》だから」なんて言っていますが、昔はもっとひどいときでも、みん
な笑って暮らしていた。現代人は、笑いの修業《しゅぎょう》が足りないんじゃないかと思いま
す。
笑いというのは、努力とテクニックが必要。父のことを思い出しても、ときどき
寄席《よせ》に出かけては、おもしろいネタを探していました。何かにつけ、笑いに変えて
やろうと努力し、テクニックを磨《みが》いた。だから、あんなに笑いがあふれた家だった
んだと思います。

ふつうの生活から笑いを見つける

でも、今の世の中をみると、人々は自分から笑いをつくる努力をしなくなりまし
た。

※以下、2021年当時

テレビをつけるだけ、スマホで検索《けんさく》するだけで、お笑いとかバラエティー番組を見られるでしょう。親もテレビを見て育った世代だから、子どもに笑いを教えないんですね。便利でいいけれど、もっと自分から笑いをつくってみないか、って言いたい。

今はコロナで人にもあまり会えないし、マスクもしているから、人を笑わせられない、なんて言う人もいますが、私から言わせれば、工夫《くふう》が足りませんね。

あるデパートで、社長さんが朝礼をするときだけ、従業員の人がとてもよく笑うそうです。先代、先々代の頃はそうでもなかったらしいのに、一体なぜか。話を聞いてみたら、その社長さんの手のひらに「おはよう」とマジックで書いてあった。その手を振《ふ》って、「やあ、おはよう」と言うから、みんなが笑って場がなごやかになったんですね。

人と対面で触《ふ》れあう機会が減っているときだからこそ、会うときは工夫をしてみなくちゃ。人間同士、顔をあわせて話すときにこそ、おもしろいことを言うタイミングや間《ま》がわかるんです。

マスクに刺繍《ししゅう》したり、でっかい唇《くちびる》の絵を描《か》いたりしておけば、それだけでおもしろいじゃありませんか。その気になって探せば、笑いのネタなんて、そこら中に転がっている。いくらでもつくれるんです。

もし笑いのトレーニングをするなら、テレビでやっていることやお笑いの人たちの真似《まね》ではなく、むしろ、ふつうの人たちを観察して、おもしろさを探したほうが、ユニークなネタになって、笑いを誘《さそ》うと思いますよ。

たとえばこの間、老人ホームに行ったとき、向こうから歩行器につかまったおじいさんが私を見て、必死になって近づいてきました。大丈《だいじょう》夫《ぶ》かな、と心配になって、「ジジイ、大丈夫か」と声をかけたら、「絶好調！」と答えるんですよね。歩行器なのに、「絶好調！」なんて言うから笑ってしまいました。
別のおじいさんから言われた話もおもしろかったな。「おれは一歩歩くと忘れる。二歩歩くと、もっと忘

れる。三歩歩くと、全部忘れる。だからアルクハイマーだ」ってね。ふつうのおじいさんがふつうに話すから、湿《しめ》っぽくならないんです。大笑いしました。

おもしろい格好をしたり、変なかつらをかぶったり、練られたコントをつくったりしなくていい。生活の中から生まれる自然な笑いを見つけていけばいいと思います。

私も、本職は俳優で、落語家でもコメディアンでもありません。鉄板ギャグも一発芸もないから、ごくふつうのみなさんをネタにして、笑いをつくってきました。それが個性になって、みなさんにおもしろがってもらえた。ふつうの生活から何を見つけてくるかが、その人の笑いの個性になります。

最後にひとつだけ。年齢に関係なく、歯は大切にしましょう。歯がなかったり、欠けているとと大口をあけて笑えない。私はこの歳《とし》でも二十八本、全部自分の歯です。歯を大事にして、おおいに笑って、コロナの時代を笑い飛ばしましょう。

Profile

1936年、東京生まれ。'48年、舞台「鐘の鳴る丘」でデビューし、「ウルトラマン」などに出演。バラエティー番組やラジオ、講演会などで幅広く活躍する。聖徳大学客員教授。著書に『たぬきババアとゴリおやじ』(Gakken)など。

取材・文　辻 由美子／写真　片桐 圭

『PHP』初出一覧

※本書は、月刊誌『PHP』に掲載された記事を再編集し、書籍化したものです。
※本文中の年齢等は雑誌掲載時のままです。

五木寛之（二〇一七年八月号）
養老孟司（二〇二〇年九月号）
佐藤愛子（一九九四年二月増刊号）
髙木慶子（二〇一九年九月号）
加藤一二三（二〇一八年十月号）
加藤諦三（二〇二二年四月増刊号）
石井ふく子（二〇一六年一月号）
藤城清治（二〇二〇年五月号）
加藤登紀子（二〇二四年五月号）
杉 良太郎（二〇一九年五月号）

野村克也（二〇一六年三月増刊号）
柳田邦男（二〇一九年八月号）
大村 崑（二〇二一年八月号）
伊東四朗（二〇一九年八月号）
林家木久扇（二〇二〇年十月号）
毒蝮三太夫（二〇二一年一月号）

PHPとは

ＰＨＰ研究所は松下幸之助によって1946年に創設されました。ＰＨＰとは、“PEACE and HAPPINESS through PROSPERITY”の頭文字で“物心両面の調和ある豊かさによって平和と幸福をもたらそう”という意味です。お互いが身も心も豊かになって、平和で幸福な生活を送る方策を、人間の本質に照らしつつ、それぞれの知恵と体験を通して提案し考えあう一つの場、それが『ＰＨＰ』誌です。

装丁・本文デザイン：印牧真和
装画：高橋 ポルチーナ

80代から人生を楽しむ人、後悔する人

2025年４月８日　第１版第１刷発行

編　者　『ＰＨＰ』編集部
発行者　大谷泰志
発行所　株式会社PHPエディターズ・グループ
〒135-0061　江東区豊洲5-6-52
☎03-6204-2931
https://www.peg.co.jp/
発売元　株式会社ＰＨＰ研究所
東京本部　〒135-8137 江東区豊洲5-6-52
普及部　☎03-3520-9630
京都本部　〒601-8411　京都市南区西九条北ノ内町11
PHP INTERFACE　https://www.php.co.jp/
印刷所　株式会社精興社
製本所　東京美術紙工協業組合

ISBN978-4-569-85911-8